用微课学
"翻转课堂"教学模式

税 收 实 务

（第 2 版）

吴本章　王　冬　主　编
卢　莹　徐海霞　副主编

电子工业出版社
Publishing House of Electronics Industry
北京·BEIJING

内 容 简 介

本书为中等职业学校会计专业和会计电算化专业的主干课程教材，是根据国家新一轮职业教育教学改革精神和《中等职业学校专业目录》要求，为满足中等职业学校人才培养和企业会计岗位人员培训需求而编写的。本书包括认知税法基础知识、增值税实务、消费税实务、关税实务、企业所得税实务、个人所得税实务和其他地方税实务，共计 7 个项目，基本涵盖了企业正常经营过程中涉及的 9 个主要税种。本书大量采用图表、实例、设问等灵活多样的教学形式，内容贴近企业纳税实务，有助于激发学生的学习兴趣。因为近几年国家税收政策调整比较大，本书于 2020 年进行重新修订，紧密配合国家最新税收法规，将 2016 年"营改增"后的相关规定直至 2020 年的增值税、企业所得税、个人所得税等最新税收政策编入教材内容，保证教材建设与国家法规政策的同步性。

本书既可作为中等职业学校会计专业教材，也可作为企业在职会计人员培训和参考用书。

本书还配有电子教学参考资料包（包括电子教案、教学指南和习题答案），详见前言。

未经许可，不得以任何方式复制或抄袭本书之部分或全部内容。
版权所有，侵权必究。

图书在版编目（CIP）数据

税收实务 / 吴本章，王冬主编. —2 版. —北京：电子工业出版社，2020.12
ISBN 978-7-121-40131-2

Ⅰ. ①税… Ⅱ. ①吴… ②王… Ⅲ. ①税收管理—中国—中等专业学校—教材 Ⅳ. ①F812.423

中国版本图书馆 CIP 数据核字（2020）第 241635 号

责任编辑：徐　玲
印　　刷：北京七彩京通数码快印有限公司
装　　订：北京七彩京通数码快印有限公司
出版发行：电子工业出版社
　　　　　北京市海淀区万寿路 173 信箱　邮编　100036
开　　本：787×1 092　1/16　印张：10.75　字数：275.2 千字
版　　次：2017 年 6 月第 1 版
　　　　　2020 年 12 月第 2 版
印　　次：2025 年 1 月第 5 次印刷
定　　价：29.00 元

凡所购买电子工业出版社图书有缺损问题，请向购买书店调换。若书店售缺，请与本社发行部联系，联系及邮购电话：（010）88254888，88258888。
质量投诉请发邮件至 zlts@phei.com.cn，盗版侵权举报请发邮件至 dbqq@phei.com.cn。
本书咨询联系方式：xuling@phei.com.cn。

前　言

根据国家新一轮职业教育教学改革精神和《中等职业学校专业目录》要求，为满足中等职业学校人才培养和企业会计岗位人员培训需求，我们编写了本教材。本教材以国家最新颁布的税收法规为依据，紧密联系企业纳税实务，内容新颖，案例丰富，既可作为中等职业学校会计专业教材，也可作为企业在职会计人员培训和参考用书。

本教材具有以下特点。

（1）体现国家最新职业教育教学改革精神，贯彻"以就业为导向、以能力为本位"的职业教育理念。本教材针对学生的学习目标和职业能力培养目标，将理论知识与实训内容进行有机结合，通过大量的例题、实训和案例分析，注重培养学生在会计及报税岗位的适应能力和实际操作能力。

（2）贴近企业纳税实务，紧扣最新税收法规。编者深入税收机关、会计师事务所及企业进行调研，与税收管理人员、企业一线财务人员和报税人员进行沟通，按照2016—2020年最新税收法规中关于税务登记、增值税调整、个税政策等的现行规定，通过编写本教材以解决很多学校教师面临的困惑及难题。本教材对于若干纳税申报、会计处理不同于以往的业务类型也进行了说明，解释了差异产生的原因。

（3）教材编排和教学内容科学合理。本教材使用案例导入，引入企业实际业务活动，将知识性内容与案例有机融合。每个项目设有项目引领、知识准备、牛刀小试等栏目，整个教材立体化呈现在学生面前，达到了"立足理论、突出实践、学以致用"的目的。

（4）大量采用企业实务中遇到的案例进行教学设计，既能紧扣教材内容，又具有典型性、时效性和可操作性。每个项目所选用的案例，既来源于企业实际的经济业务，又根据编写项目的需要，人为设置了一些情景内容，以激发学生的学习兴趣，更易为学生理解和接受。

（5）突出教师教学和学生学习的便利性。本教材在内容编排上大量运用图片、表格、案例等，灵活多样，有助于活跃教学气氛，启发思考，同时又引入了很多企业实际采用的财务管理措施，供师生参考使用，为教师教学和学生学习提供了便利性，有利于强化理论与实践的结合，学习知识与开发智力的结合，动脑思考与动手操作的结合，从而提高学生的综合分析能力和解决问题的能力。

（6）本教材配有微课，可以用手机扫描二维码直接观看。授课教师可以根据教学需要和教学安排，在课前、课中、课后灵活选用，有助于减少课前准备的工作量，丰富教学内容，提高教学效果。

本教材由吴本章、王冬担任主编，卢莹、徐海霞担任副主编，其中项目一、二由徐海霞编写，项目三、四由王冬编写，项目五、六、七由卢莹编写。本教材由吴本章统稿。

此外，本教材在编写过程中还得到了山东黄河会计师事务所资深注册会计师、注册税务师宋莉的指导，同时参考了部分同类教材及相关网站的资料，在此一并表示感谢。

为方便教师教学，本教材还配有电子教案、教学指南和习题答案，请有此需要的教师登录华信教育资源网（www.hxedu.com.cn），免费注册后再进行下载，有问题请在网站留言板留言或与电子工业出版社联系（E-mail:hxedu@phei.com.cn）。

由于编写人员水平有限，书中难免存在疏漏和错误之处，敬请各位专家与同人批评指正。

编　者
2020 年 10 月

目 录

项目一　认知税法基础知识 ·· 1
　　任务一　税收概述 ·· 1
　　任务二　税收制度 ·· 4
　　任务三　税务登记、纳税申报制度 ·· 7
　　任务四　税款征收制度 ·· 10
　　任务五　账簿、凭证管理制度 ·· 14

项目二　增值税实务 ·· 21
　　任务一　增值税纳税人和征税范围的确定 ·· 21
　　任务二　增值税税额计算 ·· 25
　　任务三　增值税会计核算 ·· 32
　　任务四　增值税纳税申报 ·· 37
　　任务五　增值税出口退税 ·· 44

项目三　消费税实务 ·· 49
　　任务一　消费税纳税人和征税范围的确定 ·· 49
　　任务二　消费税税额计算 ·· 54
　　任务三　消费税会计核算 ·· 62
　　任务四　消费税纳税申报 ·· 68
　　任务五　消费税出口退税 ·· 71

项目四　关税实务 ·· 79
　　任务一　关税税额计算 ·· 79
　　任务二　关税会计核算 ·· 83
　　任务三　关税征收管理 ·· 85

项目五　企业所得税实务 ·· 93
　　任务一　企业所得税纳税人和征税对象的确定 ·· 94
　　任务二　企业所得税的计算与核算 ·· 95
　　任务三　收入与扣除项目的特殊规定 ·· 96
　　任务四　企业所得税预缴 ·· 99
　　任务五　企业所得税汇算清缴（一）·· 102
　　任务六　企业所得税汇算清缴（二）·· 110

项目六　个人所得税实务 ··· 121
任务一　个人所得税纳税人和征税范围的确定 ································· 122
任务二　个人所得税税额计算 ·· 123
任务三　个人所得税会计核算 ·· 130
任务四　个人所得税纳税申报 ·· 130

项目七　其他地方税实务 ·· 144
任务一　附加税申报实务 ··· 144
任务二　印花税申报实务 ··· 148
任务三　城镇土地使用税申报实务 ·· 152
任务四　房产税纳税申报实务 ·· 156
任务五　车船税申报实务 ··· 160

项目一

认知税法基础知识

【项目引领】

某校学生张丽毕业后,在滨海市东方有限公司获得了一份实习会计的职位,主要职责是协助会计主管进行纳税申报及客户往来账务核对工作。张丽感觉压力非常大,课堂上学过的那些税务知识似乎已经很遥远了,工作中的各种问题纷至沓来:增值税、企业所得税、个人所得税、消费税、关税等,怎样计算与核算、如何进行纳税申报?为了避免临时抱佛脚,能够在毕业后尽快适应工作要求,同学们,我们还是从头开始,系统地学习一下税务知识吧!

任务一 税收概述

【知识准备】

你知道国家为什么要征税吗?向谁征税?征什么税?征多少税?我国的税收制度有哪些?这一连串的问题,都需要你一一去解决。认识税收,为将来从事纳税工作做好知识准备。

税收是人类社会发展到一定阶段的必然产物,是随着国家的产生而出现的,是最古老的财政概念。随着社会生产力的发展,税收分配的形式、内容和性质也在发生变化。

一、税收的概念

税收是指政府为了实现其职能,凭借政治权力,根据法定的标准,强制、无偿地取得财政收入的一种手段,是国家参与社会产品或国民收入分配和再分配的一种方式。可以通过以下几个方面来理解税收。

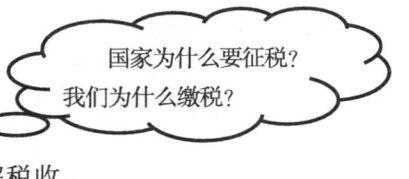

> 国家为什么要征税?
> 我们为什么缴税?

(一)国家征税的原因

税款的征收是由国家的本质特征决定的。税收作为最古老的财政范畴,是伴随着国家的产生而产生的,与国家的关系密不可分,是国家最稳定、最可靠的财政来源。税收的多少,已经成为国家经济实力的一个重要标志。

在人们的日常生活中,除各类生活、生产需要之外,还存在大量的社会公共需要,这必须通过公共产品的提供才能做到。而公共产品的提供客观上需要课征税收,满足社会公共需要是国家征税的基本理由。从根本上说,政府全部开支的财政来源最终来自公众。

> **相 关 概 念**
> （1）社会公共需要。社会公共需要是指向社会提供安全、秩序、公民基本权利和经济发展的社会条件等方面的需要，它区别于微观经济主体的个别需要。
> （2）公共产品。公共产品与私人产品相对应，是指具有消费或使用上的非竞争性和受益上的非排他性的产品，如国防、公安司法、教育、公共福利事业等。

（二）税收的来源

税收来源于社会剩余产品，是社会剩余产品的一部分，是广大劳动人民生产创造出来的。如果没有剩余产品，税收就不存在了，税收从实质上说是国家参与社会分配的一种手段，是广大纳税人缴纳的。

税款从哪里来？

【思考与练习】

很多中国人有一种误解，以为自己不是纳税人，其实你的衣食住行等各种消费支出里面都有税收的成分，如用水、用电、用气等，请思考供水企业、供电企业、供气企业上缴的税款是从哪里来的？

在现实生活中，纳税人可以是法人，也可以是自然人，只要有收入就有可能是纳税人。但纳税人并不一定是税款的实际承担者，如增值税、消费税等，这些税收往往是商品或服务价格的组成部分，纳税人缴纳的税款一般会最终转嫁给消费者承担。因此，不一定每个人都是纳税人，但人人都是商品或劳务的消费者，人人都是负税人，税收最终来源于每一个消费者，人人都为国家税收收入做贡献。

> **税收在财政收入中的地位**
> 2019年全国财政收入为190 382亿元，比上年增长3.8%，其中税收收入为157 992亿元，同比增长1%，占本年财政收入的82.99%。
> 估算一下：现在我们国家平均每人每年为财政收入做多少贡献？

（三）税款的用途

在不同的历史阶段，税收发挥着不同的作用。在社会主义市场经济机制中，我国税收的本质是"取之于民，用之于民"，主要体现在以下几个方面。

1. 发展国防事业，保障国家安全

国家的安全、民族的团结，离不开强大的国防，我们必须有一支威武之师、和平之师来保障国家的安全，而国防建设需要一定的经济实力来支撑。2019年我国中央财政国防预算支出为11 899亿元，这些支出的来源正是税收。

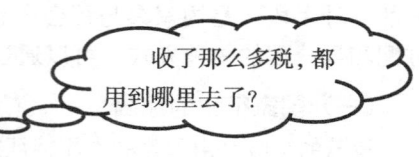

收了那么多税，都用到哪里去了？

2. 发展经济，改善民生

税收是经济活动中的一个重要组成部分，两者是紧密联系在一起的。经济是税收的源泉，没有经济就没有税收，没有税收就没有正常的经济活动。合理的税收分配能够促进经济的发展，不合理的税收分配会抑制经济的发展。

学有所教、劳有所得、病有所医、老有所养、住有所居是构建和谐社会的基本蓝图和要求。我们国家十分重视民生问题，例如在城镇，包括养老、医疗、失业、工伤和生育保险在内的社会保险制度基本建立，最低生活保障制度全面实施；在农村，最低生活保障制度正在全面推开，养老保险制度正在积极探索，新型合作医疗改革试点正在加快推进，这些最终离不开税收的保障。

3. 支持内政外交，服务政府运转

政府如一部庞大的机器，无论内政还是外交都在其中，税收为维持这台机器运转源源不断地提供经济基础。

4. 投资基础设施，强化公共服务

国家通过税收实现其社会管理职能对财政资金的需要，如交通、通信、基础材料、农业等基础产业所需要的资金，以及公益性教育、科学、文化、卫生福利等事业和公益性基础设施建设所需要的资金，除一部分通过国有资产收益和公债融资筹措外，主要依靠税收收入来保障。

二、税收的特征

税收作为一种特定的分配形式，具有强制性、无偿性和固定性的特征。这三个特征是税收区别于其他财政收入的基本标志。

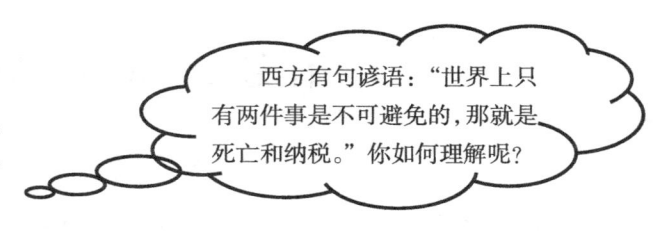

> 西方有句谚语："世界上只有两件事是不可避免的，那就是死亡和纳税。"你如何理解呢？

（一）强制性

税收的强制性是指国家凭借政治权力，通过颁布法令实施，任何单位和个人都不得违抗。在征纳税方面，既不能由纳税主体按照个人意志自愿缴纳，也不能按照征税主体随意征收，而应依据法律进行征纳税。

（二）无偿性

税收的无偿性是指国家征税以后，税款即为国家所有，不需要返还给纳税人，也不用向纳税人支付任何报酬，而是把税收作为政府的财政收入来源。无偿性是税收最本质的特征，也是税收三个特征中的核心。

（三）固定性

税收的固定性是指国家在征税之前，就以法律的形式预先规定了征税对象和征收比例。这些基本内容确定以后，一般不会频繁变动，在一定时期内具有相对稳定性，以便征纳双方共同遵守。

由于税收具有强制性、无偿性和固定性的特征，因而能保证收入的稳定；同时，税收的征收十分广泛，包括流转税、所得税、财产税等多个税种，能从多方筹集财政收入，充分保证了国家有充足的资金进行社会主义现代化建设。

【知识拓展】

税收的名称

在中国，税收已经有四千多年的历史了。税收自古有之，税收的名称也在不断变化，夏商周时期称为"贡""助""彻"，之后人们又把税收称作"租""赋""税""捐""调""役""银""钱"等，也有人将其连在一起运用，叫"贡赋""赋税""捐税""租税"等。随着经济的不断发展，后来人们统一都叫"税收"了。

【牛刀小试】

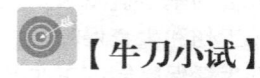

商家拒开发票怎么办

"抱歉,我们的发票机坏了,没法开发票""不开发票可以送您一瓶饮料""我们店每月 10 号以后开发票,您拿着小票到时再来一趟吧""您用的是团购券,不能开发票"……不少消费者在购物或消费后索要发票时,常被商家这样"委婉"拒绝。

8月2日,市民陈先生和伙伴到鲁班路一家餐馆就餐,结账时向餐馆索要发票,餐馆收款员却对他说,发票刚好用完,如果一定要得过两天才行。"没想到我们 8 月 5 日再次去消费,结账时店家又说用完了。"陈先生认为是商家故意不给,目的就是想偷税。

那么,作为消费者来说,遇到商家不开发票怎么办?

任务二 税收制度

税收制度,简称"税制",是国家以法律形式规定的各种税收法律、法规的总称,反映了国家与纳税人之间的经济关系,是国家财政制度的主要内容。

税收制度的构成要素是指各个税种在立法时必须载明的、不可缺少的内容。主要包括纳税义务人、征税对象、税目、税率、纳税环节、纳税期限、纳税地点、减税免税、罚则、附则等。其中,纳税义务人、征税对象和税率是税收制度的三个基本要素。

一、纳税义务人

纳税义务人即纳税主体,是指税法规定的直接负有纳税义务的单位和个人,主要指一切履行纳税义务的法人、自然人及其他组织。

(纳税人和征税对象)

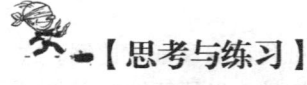

【思考与练习】

纳税人与负税人在什么条件下是一致的?

相 关 概 念

(1)扣缴义务人。扣缴义务人是指法律、行政法规规定负有代扣代缴、代收代缴税款义务的单位和个人。

(2)负税人。负税人一般指税收的实际负担者。在现实生活中,纳税人不一定是负税人。例如,流转税虽然由纳税人缴纳,但实际上纳税人通过一定的途径将税款转嫁给他人负担,此时纳税人不等同于负税人。

二、征税对象

征税对象即征税客体，主要指税收法律关系中征纳双方权利和义务共同指向的物或行为。我国现行的税收法律、法规都有自己特定的征税对象。例如，个人所得税的征税对象是个人所得，房产税的征税对象是房屋等。

与征税对象相关的两个基本概念是税目和计税依据。

（一）税目

税目是各个税种所规定的具体的征税项目，是征税对象的具体化，明确了"对什么征税"这个问题。例如，消费税具体规定了烟、酒、化妆品等15个税目。

（二）计税依据

计税依据又称为"税基"，是指税法中规定的用以计算各种税应纳税额的依据或标准。计税依据按照其性质可分为两大类：一是以征税对象的价格或金额为标准计算，称为从价计征；二是以征税对象的体积、面积、容积、数量、重量等实物量为标准计算，称为从量计征。

【思考与练习】

在税法构成要素中，用以区分不同税种的因素是（　　）。
A. 纳税义务人　　B. 征税对象　　C. 税目　　D. 税率

三、税率

税率是征税对象的征收比例或征收额度，是计算税额的尺度，是衡量税负轻重与否的重要标志，是税收制度的核心环节。

我国现行的税率主要有比例税率、累进税率和定额税率三种。

（一）比例税率

比例税率是对同一征税对象不论数额大小，都按同一比例征税。例如，我国增值税的基本税率为13%、9%、6%，企业所得税的基本税率为25%。比例税率是最常见的税率之一，其主要优点是计算简便，便于征收和缴纳。

（二）累进税率

累进税率即按征税对象数额的大小，划分若干等级，每个等级由低到高规定相应的税率，征税对象数额越大税率越高，数额越小税率越低。根据累进税率的特点，目前我国采用的是超额累进税率的形式。综合所得个人所得税税率表如表1-1所示。

（累进税率）

表 1-1　综合所得个人所得税税率表

全年应纳税所得额	税率	速算扣除数（元）
1. 全年应纳税所得额不超过 36 000 元的部分	3%	0
2. 全年应纳税所得额超过 36 000 元至 144 000 元的部分	10%	2 520
3. 全年应纳税所得额超过 144 000 元至 300 000 元的部分	20%	16 920
4. 全年应纳税所得额超过 300 000 元至 420 000 元的部分	25%	31 920
5. 全年应纳税所得额超过 420 000 元至 660 000 元的部分	30%	52 920
6. 全年应纳税额所得超过 660 000 元至 960 000 元的部分	35%	85 920
7. 全年应纳税所得额超过 960 000 元的部分	45%	181 920

（三）定额税率

定额税率又称"固定税额"，是按征税对象的计量单位规定固定税额的税率形式。目前采用定额税率的有资源税、城镇土地使用税、车船税等。例如，砂石的定额税率为0.1～5元/吨。

【思考与练习】

1. 在税法构成要素中，衡量税负轻重与否的重要标志是（　　）。
   A. 征税对象　　　B. 税种　　　C. 税率　　　D. 纳税环节
2. 关于税法构成要素，下列说法错误的是（　　）。
   A. 纳税人是税法规定的直接负有纳税义务的单位和个人，是实际负担税款的单位和个人
   B. 征税对象是税法中规定的征税的目的物，是国家征税的依据；计税依据是税法中规定的用以计算应纳税额的依据或标准
   C. 纳税人在计算应纳税额时，应以税法规定的税率为依据，因此税法规定的税率反映了纳税人的税收实际负担率
   D. 税目是课税对象的具体化，反映具体征税范围，代表征税的广度

四、纳税环节

纳税环节主要指税法规定的征税对象在从生产到消费的流转过程中应当缴纳税款的环节。例如，增值税是在生产和流通的各个环节纳税，而个人所得税只在分配环节纳税。

五、纳税期限

纳税期限是指纳税人按照税法规定缴纳税款的期限。

（一）纳税义务发生时间

纳税义务发生时间，是指应税行为发生的时间。例如，增值税条例规定，采取预收货款方式销售货物的，其纳税义务发生时间为货物发出的当天。

（二）纳税期限

纳税人每次发生纳税义务后，不可能立即去缴纳税款。税法规定了每种税的纳税期限，即每隔一段固定时间汇总一次纳税义务的时间。例如，增值税的具体纳税期限分别为1天、3天、5天、10天、15天、1个月和1个季度。纳税人的具体纳税期限由其主管税务机关按纳税人应纳税额的大小分别核定。不能按照固定期限纳税的，可以按次纳税。

（三）缴库期限

纳税期满后，纳税人将应纳税款缴入国库的期限，即为缴库期限。例如，增值税条例规定，纳税人以一个月或者一个季度为纳税期限的，自期满之日起15天内申报纳税。

六、纳税地点

纳税地点主要是指根据各个税种征税对象的纳税环节和有利于对税款的源头控制而规定的纳税人的具体纳税地点。我国税法规定的纳税地点主要是机构所在地、经济业务发生地、财产所在地、报关地等。

七、减税、免税

减税是对应纳税额少征一部分税款；免税是对应纳税额全部免征。减税、免税是对某些纳税人和征税对象给予鼓励和照顾的一种措施。例如，企业所得税的基本税率为25%，经批准的高新技术企业，则可以减按15%的税率计算缴纳企业所得税。农民或者农场主销售自产的农产品，则可以享受免征增值税的政策。

八、罚则

罚则主要是指对纳税人违反税法的行为采取的处罚措施，常见的如罚款，按日缴纳万分之五的滞纳金等。

九、附则

附则一般规定的是与该法紧密相关的内容，如该法的解释权、生效时间等。

任务三　税务登记、纳税申报制度

【知识准备】

滨海市有利商店于2019年6月1日领取营业执照开业，主要零售烟酒。同年12月31日经税务机关检查发现：有利商店未按规定办理纳税申报，且账簿设置不健全。请问有利商店应在什么时间、到哪个部门办理纳税申报？

税务登记又称纳税登记，是指纳税人根据税法规定，对其生产、经营活动办理登记的一项基本制度。办理税务登记是纳税人必须履行的第一个法定程序，是纳税人依法履行纳税义务的前提，也是纳税人合法经营的标志。同时，只有履行了登记手续，才能得到税务机关的管理服务，享受税收优惠，保证生产经营活动的顺利进行。

纳税申报是指纳税人在发生纳税义务后，按照税务机关规定的内容和期限，向主管税务机关提交书面报告的法定手续，是纳税程序的中心环节，是纳税人履行纳税义务、承担法律责任的主要依据。

一、税务登记

税务登记是指税务机关根据税法规定，对纳税人的生产、经营活动进行登记管理的一项法定制度，也是纳税人依法履行纳税义务的法定手续。我国的税务登记制度主要包括设立税务登记、变更税务登记、注销税务登记、停业及复业登记等。以下主要介绍设立税务登记。

> **小 贴 士**
>
> 2016年7月，国务院办公厅发布《关于加快推进"五证合一、一照一码"登记制度改革的通知》，明确从2016年10月1日起正式实施"五证合一、一照一码"，将企业登记时依次申请的，由工商部门核发的营业执照、质监部门核发的组织机构代码证、税务部门核发的税务登记证、社保部门核发的社会保险登记证和公安部门核发的刻制公章准许证明改为一次申请，全面实行"一套材料、一表登记、一窗受理"的工作模式，申请人办理企业注册登记时只需填写"一张表格"，向"一个窗口"提交"一套材料"，登记部门直接核发加载统一社会信用代码的营业执照，作为企业唯一合法的身份证明。工商（市场监管）部门核发"一照一码"后，申请材料和审核信息在部门间共享，实现数据交换、档案互认。

（一）办理税务登记的主体

（1）企业及其分支机构，主要包括公司制和非公司制企业法人、个人独资企业、合伙企业等。

（2）外国企业在中国境内从事生产经营活动和外国企业常驻代表机构。

（3）农民专业合作社。

（二）办理税务登记程序

1. 提出书面申请

纳税人须向工商部门提出登记申请并填写"新设企业五证合一登记申请表"，前往工商部门大厅多证合一窗口受理。

2. 等待工商部门审核材料，领取营业执照

受理后，工商部门将"工商企业注册登记联办流转申请表"传递至税务部门，税务部门收到申请资料后办理税务登记证，工商部门收到核准（或确认）登记信息后，在系统平台上打印出载有税务登记证号等"五证合一"的营业执照。

二、纳税申报的对象

纳税申报的对象主要包括以下几种：

（1）应当正常履行纳税义务的纳税人；

（2）应当履行扣缴税款义务的扣缴义务人；

（3）享受减税、免税待遇的纳税人；

（4）临时取得应税收入或发生应税行为的纳税人。

依法需要办理纳税申报的纳税人，必须在规定的期限内向主管税务机关办理纳税申报手续，填写纳税申报表。

【思考与练习】

2020年8月28日，滨海市国税稽查局根据所掌握线索，获知临市某酒厂自2017年5月1日起在本市设立临时销售点，销售本厂生产的白酒，取得销售收入却未申报纳税。滨海市国

税稽查局组成检查组，对该白酒销售点进行税务稽查。检查发现该销售点自 2017 年 6 月 1 日起由本市蔡某承包经营，销售点并未将有关承包经营的情况向当地主管税务机关登记、申报。根据上述资料，结合我国税收法律制度的规定，请思考该销售点存在哪些违反税法的行为？

三、纳税申报的内容

纳税申报的内容主要包括两方面，一是填写纳税申报表或者代扣代缴、代收代缴税款报告表；二是报送纳税申报的有关资料和证件。

办理纳税申报都需要做什么？

四、纳税申报期限

纳税申报期限是指纳税人按照税法规定缴纳税款的最后期限。申报期限有两种：一是法律、行政法规明确规定的；二是税务机关按照法律、行政法规的规定，结合纳税人生产经营的实际情况及其所应缴纳的税种等相关问题予以确定的。两者具有相同的法律效力。

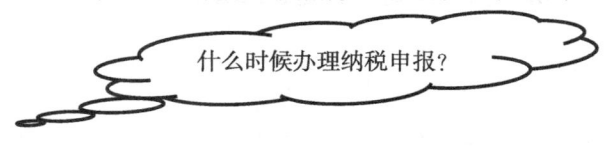

什么时候办理纳税申报？

五、纳税申报的方式

目前，纳税申报的方式主要有以下几种。

（一）直接申报

直接申报也称上门申报、窗口申报，是纳税人自行到税务机关办理纳税申报，这是一种传统的申报方式。

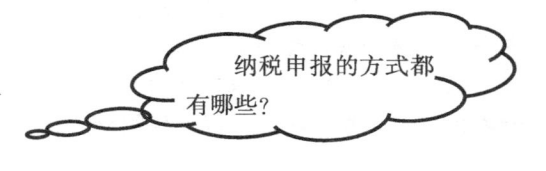

纳税申报的方式都有哪些？

（二）邮寄申报

邮寄申报是指纳税人通过邮政快递部门办理交寄手续，并索取收据作为申报凭据的方式。邮寄申报以寄出的邮戳日期为实际申报日期。

（三）数据电文

数据电文是指经税务机关确定的电话语音、电子数据交换和网络传输等办理纳税申报的一种方式。纳税人采用电子方式办理纳税申报的，应当按照税务机关规定的期限和要求保存有关资料，并定期书面报送主管税务机关。现在企业一般采用网络方式，通过登录税务机关专用报税系统来实现网上纳税申报。

（四）其他方式

定期定额缴纳税款的纳税人，可以采用简易申报、简并征期等申报纳税方式。

> 纳税人未按规定期限办理纳税申报的，由税务机关责令限期改正，可处以 2 000 元以下的罚款。逾期不改正的，可处以 2 000 元以上、1 万元以下的罚款。

六、延期申报

延期申报是指纳税人、扣缴义务人不能按照税法规定的期限办理纳税申报或扣缴税款报告表的，经县以上税务机关核准，可以延期申报。但应当在规定的期限内向税务机关提出书面延期申请，经税务机关核准，在核准的期限内办理。

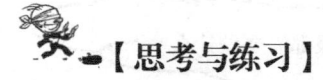

【思考与练习】

李某的个体餐馆于2020年2月开业，因一直未申报纳税，当地税务局几次通知其申报，但其拒不申报。10月税务局稽查核定该餐馆欠缴税款5万元，做出补缴税款、加收滞纳金并处以罚款10万元的决定，同时送达税务行政处罚决定书。李某认为罚款过重，拒绝缴纳税款和滞纳金。

请问税务局的处罚是否正确？

【牛刀小试】

1. 2020年5月，滨海市税务机关在进行税务检查时发现，永强食品厂2019年未向税务机关申报企业所得税，当问其原因时，该企业负责人的解释是2019年度亏损了10万元。税务机关对其处以2 000元罚款。该企业负责人表示不理解，认为企业没有实现利润，为什么还要进行纳税申报，并就此向上级税务机关提出税务行政复议。请问亏损企业是否需要进行纳税申报？

2. 滨海市依依服饰有限公司于2020年1月开业。两个月后的一天，税务机关发来一份税务处理通知书，称该公司未按规定期限办理纳税申报（每月1～15日为申报期限），并处以罚款。公司经理对此很不理解，跑到税务机关辩称：本公司虽已开业两个月，但尚未做成一笔生意，没有收入又如何办理纳税申报呢？请问该公司的做法是否正确？如不正确，该如何处理？

任务四　税款征收制度

【知识准备】

2020年第二季度，某税务所在调查摸底的基础上，决定对某行业的定额于7—12月适当调高，并于6月底下发了调整定额通知。某纳税人的定额由原来的4 000元调整为5 000元。该纳税人不服，说等到7月底将搬离此地，7月的税款不准备上缴。7月17日税务所得知这一情况后，书面责令该纳税人必须于7月25日前缴纳该月的税款。7月20日，税务所发现该纳税人已开始转移货物，于是责令该纳税户提供纳税担保，但该纳税人并没有提供纳税担保，于是税务机关书面通知该纳税人的开户银行从其存款中扣缴了7月的税款。

税务机关的行政行为是否合法？

税款征收是税务机关依照税收法律、法规的规定，将纳税人应缴纳的税款组织入库的一系列活动的总称。税款征收是税收征收管理工作中的中心环节，是税收征管工作的目的，在整个税收工作中具有非常重要的地位。

一、税款征收的主要方式

税款征收的方式指税务机关根据各税种的不同特点、征纳双方的具体条件而确定的计算征收税款的方法和形式。税款征收的主要方式如下。

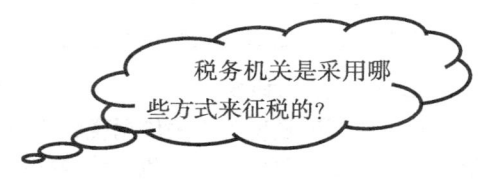

（一）查账征收

查账征收是指税务机关根据纳税人的会计账簿等财务核算资料，依照税法规定计算征收税款的方式。这种方式适用于财务会计制度健全、核算严格规范、纳税意识较强的纳税人。

（二）核定征收

核定征收是指税务机关根据纳税人的从业人员、生产设备、耗用原材料等因素，查定核实其应纳税额，据以征收税款的方式。这种方式适用于规模较小、实行简易记账或会计核算不健全的纳税人。

（三）查验征收

查验征收是由税务机关对纳税申报人的应税产品进行查验，按市场同类产品平均价格，计算其收入并据以征收税款的方式。这种方式主要适用于生产和临时经营的商品零星、分散，商品来源不固定的纳税人。

【思考与练习】

张某开了一个香油作坊，因规模不大，不难管理，所以张某平常只是简单地记流水账，没有专门设置账簿。税务部门应该采取何种方式征收张某的税款？

（四）定期定额征收

定期定额征收是税务机关核定纳税人在一定经营时期内的应税收入，并以此为计税依据，确定其应纳税额的一种征收方式。这种方式适用于生产经营规模小，无完整考核依据的小型纳税单位。

（五）其他征收方式

其他征收方式主要包括代扣代缴、代收代缴、委托代征、邮寄申报纳税等。

【思考与练习】

税务机关根据纳税人的从业人员、生产设备、耗用原材料等因素，查定核实其应纳税额，据以征收税款的方式是（　　）。

A. 查验征收　　　B. 核定征收　　　C. 定期定额征收　　　D. 查账征收

二、税款征收制度

（一）延期缴纳税款制度

纳税人因有特殊困难，不能按期缴纳税款的，经省、自治区、直辖市国家税务局或地方税务局批准，可以延期缴纳税款，但最长不得超过三个月。经批准延期缴纳的税款不加收滞纳金。

【思考与练习】

延期纳税与延期申报有什么区别？

（二）减免税制度

减免税制度是税务机关依据税收法律、行政法规和国家有关税收的规定，给予纳税人的减税和免税，主要包括法定减免、特定减免和临时减免三种情况。办理程序如下。

1. 纳税人提出书面申请

纳税人提出书面申请的资料如下。

（1）减免税申请报告；

（2）财务会计报表、纳税申报表；

（3）有关部门出具的证明材料；

（4）税务机关要求提供的其他资料。

2. 税务机关审批

税务机关自做出决定之日起10个工作日内将审批书面决定送达纳税人。

（三）其他征收制度

1. 滞纳金制度

纳税人未按规定期限缴纳税款的，扣缴义务人未按规定期限解缴税款的，税务机关除责令限期缴纳外，从滞纳税款之日起，按日加收滞纳税款万分之五的滞纳金。

【思考与练习】

某企业按规定应于2020年1月15日前缴纳应纳税额30万元，但该企业却迟迟未缴。主管税务机关责令其于当年2月28日前缴纳，并加收滞纳金。但直到3月15日，该企业才缴纳税款。该企业应缴纳的滞纳金金额是（　　）元。

A. 8 850　　　　B. 8 700　　　　C. 5 220　　　　D. 750

2. 税收保全制度

税收保全是指税务机关对可能由于纳税人的行为或者某种客观原因致使以后税款的征收不能保证或难以保证的案件，采取限制纳税人处理或转移商品、货物或者其他财产的措施。主要包括书面通知纳税人开户银行或其他金融机构冻结纳税人相当于应纳税额的存款，扣押、查封纳税人所拥有的价值相当于应纳税额的商品、货物或其他财产两方面内容。一般适用于从事生产、经营的纳税人。税务机关采取税收保全措施的期限，一般不得超过6个月。

不适用于税收保全的财产

个人及所抚养家属维持生活必需的住房和用品，税务机关对单价5 000元以下的其他生活用品，不采取税收保全措施。

个人及所抚养家属维持生活必需的住房和用品，不包括机动车辆、金银饰品、古玩字画、豪华住宅或一处以上的住房。

3. 纳税担保制度

纳税担保是指税务机关对由于纳税人行为或客观原因导致税款及时足额入库难以保证的情况，采取的确保税收收入能及时入库的措施。税务机关认为从事生产、经营的纳税人有逃避纳税义务的行为，并在规定的纳税期限前责令其限期纳税，但在限期内发现纳税人有明显转移、隐匿其应纳税商品、货物及其他财产和应税收入迹象时一般采用此种方式。

纳税人不能提供纳税担保的，经县以上税务局局长批准，税务机关可以采取税收保全措施。

4. 税收强制执行制度

税收强制执行是指税务机关对未按规定期限履行税款缴纳等法定义务的纳税人及其他当事人依法采取的强制执行措施。

从事生产、经营的纳税人和扣缴义务人未按照规定的期限缴纳或解缴税款，纳税担保人未按照规定的期限缴纳所担保的税款，由税务机关责令限期缴纳，逾期仍未缴纳的，经县以上税务局局长批准，税务机关可以采取强制执行措施。

知识拓展

税务机关在采取强制措施时，对上述纳税人、扣缴义务人未缴纳的滞纳金同时强制收取。

【思考与练习】

某服装厂逾期未缴纳税款，县国税局征管科送达了催缴税款通知书进行催缴，服装厂依然未按期缴纳税款，于是经该征管科科长批准，扣押了服装厂价值相当于应纳税额的服装。该征管科的做法是否合法？为什么？

5. 税款补缴与追征制度

对未缴、少缴税款的纳税人和扣缴义务人，税务机关依法采取补缴或追征措施。

因税务机关的责任，致使纳税人、扣缴义务人未缴或少缴税款的，税务机关在三年内可要求纳税人、扣缴义务人补缴税款，但不得加收滞纳金。

因纳税人、扣缴义务人计算错误等失误，未缴或少缴的税款，税务机关在三年内可以追征税款、滞纳金；有特殊情况的，追征期可以延长到五年。

对偷税、抗税、骗税的，税务机关追征其未缴或少缴的税款、滞纳金或骗取的税款，不受期限限制。

【思考与练习】

某企业财务人员2017年7月采取虚假的纳税申报手段少缴增值税5万元。2020年6月，税务人员在检查时发现了这一问题，要求追征这笔税款。该企业财务人员认为时间已过3年，超过了税务机关的追征期，不应再缴纳这笔税款。税务机关是否可以追征这笔税款？为什么？

6. 税款退还制度

对于纳税人超过应纳税额缴纳的税款，税务机关发现后应立即退还。自纳税人结算缴纳税款之日起3年内发现的，可以向税务机关要求退还多缴的税款并加算银行同期存款利息，税务机关及时查实后要立即退还。

【思考与练习】

2020年3月12日,某厂张会计在复核应缴税款时,发现2019年5月多缴税款15 000元,于是该厂向税务机关提出给予退还税款并加算银行同期存款利息的请求。税务机关是否应当退还税款并加算利息?

【牛刀小试】

滨海市定期定额纳税人欣欣服装专卖店店主林某,于2020年1月将专卖店承包给李某经营,李某每月向林某交承包费3 000元,有关承包经营事项,林某未向税务机关报告。自2020年1月起该专卖店一直未向税务机关申报纳税,税务机关多次催缴无效。2020年5月20日,税务机关找到林某,责令其在5月31日前缴纳欠缴的税款10 000元。责令期限已过,林某仍未缴纳税款。6月1日,经主管税务机关区地税分局局长批准,采取税收强制执行措施,但欣欣服装专卖店已经在5月底关门停业,林某不知去向,税务机关扣押了林某的一辆小汽车。6月10日,小汽车以150 000元被拍卖,税务机关将拍卖所得抵税款10 000元、罚款20 000元、滞纳金及各项拍卖费用10 000元,然后把剩余款项于6月20日退还林某。林某不服,于6月25日向市地税局申请税务行政复议。

请结合案例思考:税务机关是否可以对林某采取税收强制执行措施?扣押并拍卖林某的小汽车是否符合法律规定?

任务五 账簿、凭证管理制度

【知识准备】

某企业会计小王在去税务机关办理税务登记时,税务机关工作人员向小王了解企业设置账簿情况,在领取税务登记证时,要求小王将相关的企业财务、会计制度等在一定时间内报送主管税务机关备案。

小王对关于建立账簿、报送财务会计制度、如何领购使用发票还有很多疑问,那么税收征管法对于账簿设置与保管的要求,领购、使用和保管发票等凭证是如何规定的?

账簿是以会计凭证为依据,完整、连续、系统地记录和反映各项经济业务活动的簿籍。凭证是纳税人用来记录经济业务的发生、明确经济责任,并据以登记账簿的书面证明。通过凭证的填制和审核,不但可以保证账簿记录的真实可靠,而且可以检查各项经济业务是否合法、合理,促进纳税人依法经营、依法纳税,是继税务登记之后税收征管的又一重要环节,在税收征管中占有十分重要的地位。

一、账簿的管理

(一)账簿设置时限

(1)从事生产、经营的纳税人应当自领取营业执照或发生纳税义务之日起15日内按照国家有关规定设置账簿。

(2)扣缴义务人应当自税收法律、行政法规规定的扣缴义务发生之日起10日内,按照所代扣代收的税种，分别设置代扣代缴、代收代缴税款账簿。

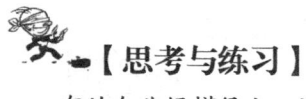

【思考与练习】

有的企业规模很小，没有聘用财务人员，应如何设置账簿？

> 对于生产经营规模小、无建账能力的纳税人，可以聘请经批准从事会计代理业务的专业机构或者经税务机关认可的财会人员代为建账和办理财务业务；聘请上述机构或者税务机关认可的财务人员有实际困难的，经县以上税务机关批准，可以按照税务机关的规定，建立收支凭证粘贴簿、进货销货登记簿或者使用税控装置。

（二）账簿的保管要求

（1）从事生产、经营的纳税人及扣缴义务人必须按照国务院财政、税务主管部门规定的保管期限保管账簿、记账凭证、完税凭证及其他有关资料。

（2）账簿、记账凭证、完税凭证及其他有关资料不得伪造、变造或者擅自损毁。

（3）纳税人需要建立的账簿包括四种：总账、明细账、日记账、其他辅助性账簿。

【思考与练习】

根据《会计档案管理法》的规定，各类会计档案的保管期限是如何规定的？

（三）纳税人有下列情形之一的，税务机关有权核定其应纳税额

（1）依照法律、行政法规的规定可以不设置账簿的。

（2）依照法律、行政法规的规定应当设置但未设置账簿的。

（3）擅自销毁账簿或者拒不提供纳税资料的。

（4）虽设置账簿，但账目混乱或者成本资料、收入凭证、费用凭证残缺不全，难以查账的。

（5）发生纳税义务，未按照规定的期限办理纳税申报，经税务机关责令限期申报，逾期仍不申报的。

（6）纳税人申报的计税依据明显偏低，又无正当理由的。

二、发票的领购、使用和保管

发票是指一切单位和个人在购销商品、提供或接受服务及从事其他经营活动中，所开具和收取的业务凭证，是会计核算的原始依据，也是审计机关、税务机关执法检查的重要依据。

> 税务机关是发票的主管机关，负责发票的印制、领购、开具、取得、保管、撤销的管理和监督。

（一）发票的种类和适用范围

发票的种类很多，每种发票都有特定的使用主体和适用范围，按行业特点和纳税人的生产经营项目分类，发票可以分为以下几种。

小规模纳税人只能开具增值税普通发票吗？

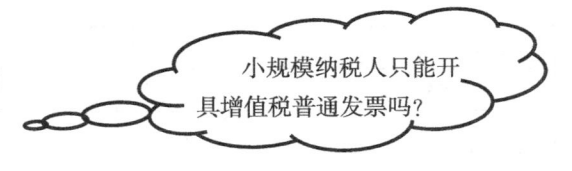

1. 增值税普通发票

增值税普通发票是目前使用范围最广泛、使用主体最多的发票，主要由增值税小规模纳税人使用，增值税一般纳税人在不需要开具专用发票的情况下也可使用普通发票。

2. 增值税专用发票

增值税专用发票是增值税一般纳税人销售货物或提供应税劳务开具的发票，是购买方支付增值税税额并按照增值税有关规定据以抵扣增值税进项税额的凭证。过去只限于增值税一般纳税人领购使用，自2019年8月起，国家税务总局全面推行小规模纳税人自行开具增值税专用发票。税务总局进一步扩大了小规模纳税人自行开具增值税专用发票的范围，小规模纳税人（其他个人除外）发生增值税应税行为、需要开具增值税专用发票的，可以自愿使用增值税发票管理系统自行开具。

（增值税专用发票的使用和管理）

3. 专业发票

专业发票是指国有金融、保险企业的存贷、汇兑、转账凭证、保险凭证；国有邮政、电信企业的邮票、邮单、话务、电报收据；国有铁路、民用航空企业和交通部门、国有公路、水上运输企业的客票或货票等。

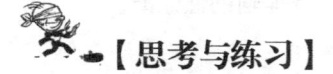

【思考与练习】

商业零售业务发票、餐饮业发票和电话费发票分别属于哪种类型的发票？

（二）发票的适用范围

（1）依法办理税务登记的单位和个人，在领取税务登记证后可以申请领购发票，属于法定的发票领购对象。

（2）依法不需要办理税务登记的单位，发生临时经营业务需要使用发票的，可以凭单位介绍信和其他有效证件，到税务机关代开发票。

（3）临时到本省、自治区、直辖市以外从事经营活动的单位和个人，凭所在地税务机关开具的外出经营税收管理证明，在办理纳税担保的前提下，或者缴纳不超过1万元的保证金，可向经营地税务机关申请领购经营地的发票，并限期缴销发票。

（三）发票的领购程序

依法办理税务登记的单位和个人，可以向主管税务机关申请领购发票。申请领购发票的单位和个人在办理初次发票领购手续时，首先应向税务机关提出购票申请，填写发票领购申请审批表（见表1-2）。

表1-2 发票领购申请审批表

纳税人税务登记号

填表日期： 年 月 日

纳税人名称	
主营范围	
兼营范围	

续表

经办人姓名		身份证号码			电话	
发票编码	发票名称		单位（本或份）	申请数量	税务机关批准领购数量	

申请理由： 经办人：	（盖章） 年 月 日	申请人发票专用章印模	
以下由税务机关填写			
保证形式		保证金额	保证期限
发票管理部门审批意见	经办人： 负责人：	（盖章） 年 月 日	

说明：本表一式两份，纳税人领购发票时使用。

对无固定经营场所或财务制度不健全的纳税人申请领购发票，主管税务机关有权要求其提供担保人，不能提供担保人的，可以视其情况，要求其提供保证金，并限期缴销发票。对发票保证金应设专户存储，不得挪为他用。一般纳税人和小规模纳税人可以根据自己的需要申请领购增值税普通发票或专用发票。

（四）发票的使用

资 料 卡

纳税单位和个人首次申请领购发票时，应提供以下资料：
（1）营业执照副本或其他执业证件。
（2）领购发票经办人身份证原件。
（3）税务登记证副本或临时税务登记证原件。
（4）主管税务机关要求提供的其他有关资料、证件。

（1）开具发票应当按照规定的时限、顺序，逐栏、全部联次一次性如实开具。
（2）填写发票应当使用中文，民族自治地方可以同时使用当地通用的一种民族文字，外商投资企业和外国企业可以同时使用一种外国文字。
（3）发票限于领购单位和个人在本省、直辖市、自治区范围内开具。
（4）任何单位和个人必须在发生经营业务并确认营业收入时，才能开具发票，未发生经营业务一律不得开具发票。
（5）不得转借、转让或者代开发票，不得拆本使用发票，不得自行扩大专业发票使用范围。

【思考与练习】

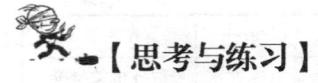

去超市买食品，我想让服务台的工作人员开成办公用品，可以吗？

退货了怎么办

开具发票后，如发生销货退回需开红字发票的，必须收回原发票并注明"作废"字样或取得对方有效证明；发生销售折让的，在收回原发票并注明"作废"后，重新开具发票。

（五）发票的保管

（1）开具发票的单位和个人应当按照税务机关的规定存放和保管发票，不得擅自损毁。已经开具的发票存根联和发票登记簿，应当保存5年。保存期满，报经税务机关查验后销毁。

（2）使用发票的单位和个人应当妥善保管发票，不得丢失。发票丢失，应于丢失当日书面报告主管税务机关，并在报刊和电视等传播媒介上公告声明作废。

【牛刀小试】

1. 2020年10月9日，滨海市国税局对本辖区内的经营者进行日常执法检查时发现，沃华建筑材料商店2017年11月办理税务登记，进行建筑材料销售业务。在长达2年多的时间里，既未建立账簿进行会计核算，也未向税务机关申报纳税。

请思考沃华建筑材料商店在账簿、凭证管理方面存在什么问题？

2. 华盈纺织厂为增值税一般纳税人，专用发票由王雅保管、开具、购买。2020年10月据举报，区国税局对该厂进行税务稽查，发现以下情况：2020年1月，职工李某离开该厂时，该厂尚欠李某钱，李某在8月到该厂拿走3万多元的产品抵账，并提出要两份增值税专用发票，王雅就撕了两份给李某；厂长的哥哥朱家明在该厂购买了3万多元产品，王雅据实开具了发票，另外又撕了两份空白专用发票给他；2020年9月，厂里存放发票的房子漏雨，造成部分发票损毁。

请思考该厂在发票管理上存在哪些问题？

【专项训练】

一、单项选择题

1. "政府的奶娘"可以形象地比喻（　　）。
   A. 公共安全　　　B. 税收　　　C. 公共卫生　　　D. 国防
2. 税收"三性"的核心是（　　）。
   A. 无偿性　　　B. 强制性　　　C. 固定性　　　D. 有偿性
3. 在税法构成要素中，用以区分不同税种的因素是（　　）。
   A. 纳税义务人　　B. 征税对象　　C. 税目　　　D. 税率

4. 在税法构成要素中，衡量税负轻重与否的重要标志是（　　）。
   A. 征税对象　　　B. 税种　　　C. 税率　　　D. 纳税环节
5. 税务机关根据纳税人的从业人员、生产设备、耗用原材料等因素，查定核实其应纳税额，据以征收税款的方式是（　　）。
   A. 查验征收　　　B. 核定征收　　　C. 定期定额征收　　　D. 查账征收
6. 我国税法是由一系列要素构成的，其中三个最基本的要素是指（　　）。
   A. 纳税义务人、税率、纳税期限　　　B. 纳税义务人、税率、违章处理
   C. 纳税义务人、税目、减免税　　　D. 纳税义务人、税率、征税对象
7. 某企业按规定应于2020年1月15日前缴纳应纳税款30万元，但该企业却迟迟未缴纳。主管税务机关责令其于当年2月28日前缴纳，并加收滞纳金。但直到3月15日，该企业才缴纳税款。该企业应缴纳的滞纳金金额是（　　）元。
   A. 8 850　　　B. 8 700　　　C. 5 220　　　D. 750
8. 适用于小额、零散税源征收的税款征收方式是（　　）。
   A. 查定征收　　　B. 查验征收　　　C. 委托代征　　　D. 定期定额征收
9. 纳税人超过应纳税额缴纳的税款，税务机关发现后应当立即退还；纳税人自结算缴纳税款之日起（　　）内发现的，可以向税务机关要求退还，并加算同期银行存款利息。
   A. 1年　　　B. 2年　　　C. 3年　　　D. 5年
10. 税务机关防范纳税人逃避纳税义务，转移、隐匿财产收入，在纳税期前依法采取的防范税收流失的措施，即（　　）。
    A. 税收保全　　　B. 查账征收　　　C. 查定征收　　　D. 查验征收

二、多项选择题

1. 税收的特征包括（　　）。
   A. 强制性　　　B. 无偿性　　　C. 固定性　　　D. 特殊性
2. 我国现行的税率有（　　）。
   A. 比例税率　　　B. 定额税率　　　C. 超额累进税率　　　D. 超率累进税率
3. 《中华人民共和国税收征收管理法》规定税务机关可以采取的税收保全措施有（　　）。
   A. 书面通知纳税人开户银行冻结纳税人的金额相当于应纳税款的存款
   B. 书面通知纳税人开户银行从其存款中扣缴税款
   C. 扣押、查封纳税人的价值相当于应纳税款的商品、货物或者其他财产
   D. 扣押、查封、拍卖其价值相当于应纳税款的商品、货物或者其他财产，以拍卖所得抵缴税款
4. 我国发票按其用途及反映的内容不同，可以分为（　　）。
   A. 增值税专用发票　　　B. 增值税普通发票
   C. 专业发票　　　D. 保证凭证
5. 关于发票的开具和保管，下列说法正确的是（　　）。
   A. 不符合规定的发票，任何单位和个人都有权拒收
   B. 使用计算机开具发票，应经主管税务机关批准
   C. 发票限于领购单位和个人在本省、自治区、直辖市内开具
   D. 已开具的发票存根联和发票登记簿在保存期满后可以自行销毁
6. 纳税申报的方法有（　　）。
   A. 直接申报　　　B. 邮寄申报　　　C. 数据电文　　　D. 延期申报

三、案例分析题

2020年8月28日，滨海市国税稽查局接到群众举报信，举报某电线电缆厂自2017年5月1日起到邻市设立临时销售点，销售本厂生产的产品，取得大量销售收入，未申报纳税。接到举报后，滨海市国税稽查局组成检查组，对销售点进行税务稽查。检查发现该销售点自2017年7月1日起由刘某承包经营，销售点未将有关承包经营的情况向税务机关报告。根据上述资料，结合我国税收法律制度的规定，请思考该销售点存在哪些违反税法的行为。

项目二

增值税实务

【项目引领】

滨海亿元商贸有限公司于 2019 年 9 月 1 日领取税务登记证,截至 2020 年 2 月 1 日共发生销售额 500 万元。2020 年 3 月发生以下业务:

(1) 购入货物,取得增值税专用发票注明的价款是 50 万元,增值税税额是 6.5 万元。同时,支付货物运输费用,取得的增值税专用发票上注明的运费是 3 万元。

(2) 销售货物,开具的增值税专用发票上注明的销售价款为 150 万元(不含税)。

(3) 购买了一批广告性质的礼品赠送给客户,取得的增值税专用发票上注明的价款是 10 万元。

(4) 当月购进两台冰柜,取得的增值税专用发票上注明的税额是 6 500 元。

根据以上资料,该商贸公司应如何办理纳税人资格认定和纳税申报工作? 3 月份应纳增值税是多少? 如何进行涉税业务处理?

任务一 增值税纳税人和征税范围的确定

【知识准备】

增值税是对在我国境内销售货物或者进口货物、提供应税服务、转让无形资产或者不动产过程中产生的增值额作为计税依据而征收的一种流转税。2019 年度,我国增值税收入为 62 346 亿元,约占当年税收总收入的 40%,远远超过所得税、消费税等收入,是目前我国第一大税种。

(什么是增值税)

一、纳税人

根据《中华人民共和国增值税暂行条例》及其实施细则、国家有关法规的规定,凡是在我国境内销售货物、劳务、服务、无形资产、不动产以及进口货物的单位和个人均为增值税纳税人。

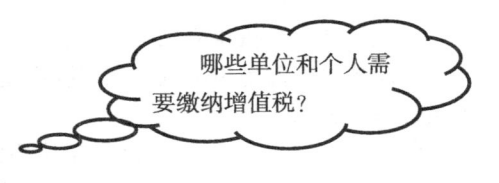

哪些单位和个人需要缴纳增值税?

(一) 单位

单位主要包括各类企业、行政单位、事业单位、军事单位、社会团体及其他单位。

（二）个人

个人主要包括个体经营者和其他个人，包括外国人和无国籍人。

（三）承租人、承包人、挂靠人

单位以租赁、承包、挂靠方式经营的，承租人、承包人、挂靠人以出租人、发包人、被挂靠人名义对外开展经营活动并承担相关法律责任的，出租人、发包人、被挂靠人为纳税人。否则，以承租人、承包人、挂靠人为纳税人。

（四）扣缴义务人

境外的单位或者个人在境内发生应税行为而在中国境内未设有经营机构的，以其境内代理人为扣缴义务人；在境内没有代理人的，以购买方为扣缴义务人。

【思考与练习】

个体工商户张鹏，主要为客户提供计算机维修服务，2020年5月共获得维修费收入35 000元。他是否属于增值税纳税人并缴纳增值税？

> **相关增值税政策**
> 张鹏属于销售应税服务的增值税纳税人。根据国家税收政策，对包括小微企业、个体工商户和其他个人的小规模纳税人，月销售额未超过10万元（以1个季度为1个纳税期的，季度销售额未超过30万元）的，免征增值税。

二、一般纳税人和小规模纳税人的认定及管理

为配合增值税专用发票的管理，《中华人民共和国增值税暂行条例》将纳税人按其经营规模大小及会计核算健全与否划分为一般纳税人和小规模纳税人。

（一）小规模纳税人

小规模纳税人是指年销售额在规定标准以下，并且会计核算不健全，不能按规定报送有关税务资料的增值税纳税人。

小规模纳税人的具体认定标准为年应征增值税销售额500万元及以下。

> 我们公司年销售额达不到500万元，只能认定为小规模纳税人吗？

（二）一般纳税人

一般纳税人是指年应税销售额超过小规模纳税人标准的企业和企业性单位。

年应税销售额是指纳税人在连续不超过12个月或者4个季度的经营期内，累计实现的应征增值税销售额。

年应税销售额未超过规定标准的纳税人，会计核算健全、能够准确提供税务资料的，可以向主管税务机关办理一般纳税人登记。

会计核算健全是指能够按照国家统一的会计制度规定设置账簿，根据合法有效的凭证进行会计核算。

纳税人登记为一般纳税人后，不得转为小规模纳税人，国家税务总局另有规定的除外。

三、征税范围

根据《中华人民共和国增值税暂行条例》及其实施细则规定，凡是在中华人民共和国境内销售货物或提供加工、修理修配劳务及进口货物的，均属于增值税的征税范围。全面"营改增"后，提供各种服务、销售不动产或者无形资产的行为，也列入了增值税的征税范围。

（一）征税范围的一般规定

1. 销售或者进口货物

销售货物指有偿转让货物的所有权。"有偿"包括从购买方取得货币、货物或其他经济利益。货物是指有形动产，包括电力、热力、气体在内。进口货物是指申报进入我国国境或关境内的货物（有形动产），在报关进口环节，除依法缴纳关税之外，还必须缴纳增值税。

2. 销售劳务

劳务是指纳税人提供的加工、修理修配劳务。加工是指受托加工货物，即委托方提供原料及主要材料，受托方按照委托方的要求制造货物并收取加工费的业务。修理修配是指受托方对损伤和丧失功能的货物进行修复，使其恢复原状和功能的业务。

3. 销售服务

服务包括交通运输服务、邮政服务、电信服务、建筑服务、金融服务、现代服务及生活服务。具体征税范围如下：

（1）交通运输服务：主要包括陆路运输服务、水路运输服务、航空运输服务、管道运输服务。

（2）邮政服务：主要包括邮政普遍服务、邮政特殊服务和其他邮政服务。

（3）电信服务：主要包括基础电信服务和增值电信服务。

（4）建筑服务：主要包括工程服务、安装服务、修缮服务、装饰服务、其他建筑服务。

（5）金融服务：主要包括贷款服务、直接收费金融服务、保险服务、金融商品转让等。

（6）现代服务：主要包括研发和技术服务、信息技术服务、文化创意服务、物流辅助服务、租赁服务、鉴证咨询服务、广播影视服务、其他现代服务。

（7）生活服务：主要包括文化体育服务、教育医疗服务、旅游娱乐服务、餐饮住宿服务、居民日常服务、其他生活服务。

4. 销售无形资产

销售无形资产，是指转让无形资产所有权或者使用权的业务活动。

5. 销售不动产

销售不动产，是指转让不动产所有权的业务活动。

相 关 概 念

无形资产：是指不具有实物形态，但能带来经济利益的资产，包括技术、商标、著作权、商誉、自然资源使用权和其他权益性无形资产。

不动产：是指不能移动或者移动后会引起性质、形状改变的财产，包括建筑物、构筑物等。

【思考与练习】

根据增值税最新法规，下列项目中应当征收增值税的有（　　　）。

A. 汽车维修厂修理汽车的业务　　　　B. 某商场销售日用百货

C. 快递公司提供的送货业务　　D. 饭店提供的饮食服务业务

（二）征税范围的特殊规定

1. 单位和个体经营者的下列行为视同销售货物，应当缴纳增值税：

（1）将货物交付他人代销。

（2）销售代销货物。

（3）设有两个以上机构并实行统一核算的纳税人，将其货物从一个机构移送其他机构用于销售，但相关机构设在同一县（市）的除外。

（4）将自产或委托加工的货物用于非应税项目。

（5）将自产、委托加工或购买的货物作为投资，提供给其他单位或个体经营者。

（6）将自产、委托加工的货物分配给股东或投资者。

（7）将自产、委托加工的货物用于集体福利或个人消费。

（8）将自产、委托加工或购买的货物无偿赠送他人。

2. 根据"营改增"实施办法规定，下列情形视同销售服务、无形资产或者不动产：

（1）单位或者个体工商户向其他单位或者个人无偿提供服务，但用于公益事业或者以社会公众为对象的除外。

（2）单位或者个人向其他单位或者个人无偿转让无形资产或者不动产，但用于公益事业或者以社会公众为对象的除外。

（3）财政部和国家税务总局规定的其他情形。

3. 混合销售行为

一项销售行为如果既涉及货物又涉及服务，则为混合销售。从事货物的生产、批发或者零售的单位和个体工商户的混合销售行为，按照销售货物缴纳增值税；其他单位和个体工商户的混合销售行为，按照销售应税服务缴纳增值税。

4. 兼营行为

纳税人销售不同税率的货物、劳务或服务、无形资产或者不动产的行为，为兼营行为。对于兼营行为，适用不同税率或者征收率的，应当分别核算适用不同税率或者征收率的销售额；未分别核算的，从高适用税率。

（三）下列项目免征增值税

（1）农业生产者销售的自产农产品。

（2）避孕药品和用具。

（3）古旧图书。

（4）直接用于科学研究、科学试验和教学的进口仪器、设备。

（5）外国政府、国际组织无偿援助的进口物资和设备。

（6）由残疾人的组织直接进口供残疾人专用的物品。

（7）销售自己使用过的物品（仅限个人，包括个体工商户和自然人）。

> 我家买的小汽车已经使用5年了，想卖掉后换新车。这种销售行为需要缴纳增值税吗？

【思考与练习】

根据增值税相关规定，下列项目中应视同销售货物征收增值税的是（　　）。

A. 某商店为服装厂代销服装

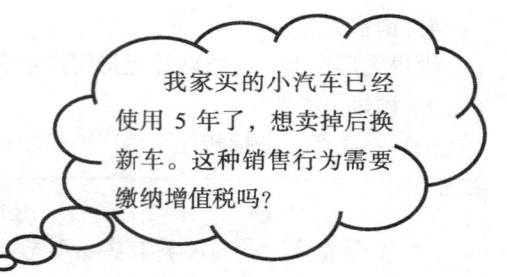

B. 某企业工会将外购的防暑用品发放给职工
C. 某生产企业将自产的洗衣粉发放给职工作为福利
D. 某企业将委托加工收回的化妆品赠送给客户

我国增值税的发展

我国于 1983 年 1 月 1 日起开始试行增值税。当时的征税范围仅限于机器及其零配件、农机具及其零配件、缝纫机、电风扇、自行车 5 种工业品，之后征税范围逐渐扩大。1993 年 12 月 23 日，国务院发布了《中华人民共和国增值税暂行条例》，同年 12 月 25 日，财政部发布了《中华人民共和国增值税暂行条例实施细则》，自 1994 年 1 月 1 日起施行。2008 年 11 月 5 日，国务院修订并重新公布了《中华人民共和国增值税暂行条例》，自 2009 年 1 月 1 日起施行。2011 年 11 月 16 日，财政部和国家税务总局发布《营业税改征增值税试点方案》，同时印发《关于在上海市开展交通运输业和部分现代服务业营业税改征增值税试点的通知》，明确自 2012 年 1 月 1 日起，在上海市交通运输业和部分现代服务业营业税改征增值税试点。自 2012 年 8 月 1 日起至年底，将试点由上海市分批扩大至北京、天津、江苏、浙江等 10 个省（直辖市、计划单列市）。2013 年 4 月初，国务院决定自 8 月 1 日起将交通运输业和部分现代服务业营改增试点扩大到全国。自 2014 年 1 月 1 日起，将铁路运输和邮政服务业纳入营改增试点。自 2014 年 6 月 1 日起，将电信业服务纳入营改增试点。2016 年 5 月 1 日起全面推开营改增试点，将建筑业、房地产业、金融业、生活服务业纳入试点范围。

【牛刀小试】

春晓服装厂下设一家服装生产加工企业和餐饮酒店。服装生产加工企业主要从事针织服装的生产加工、销售、进出口业务，在销售过程中，客户可以自行提货，也可以由春晓服装厂代办托运或送货上门（要收取一定的费用）。餐饮酒店主要对外提供餐饮服务。请问：

（1）该服装厂既从事服装生产加工、销售、进出口业务，又从事餐饮服务，属于何种行为？
（2）该服装厂生产加工、销售、进出口业务的行为应缴纳何种税？
（3）该服装厂送货上门的行为属于何种行为？应缴纳何种税？
（4）该服装厂在六一儿童节期间，赠送实验幼儿园 1 000 件服装，该行为是否需要纳税？

任务二 增值税税额计算

【知识准备】

增值税是对增值额征收的一种流转税。增值额是企业和个人在生产经营过程中新创造的那部分价值，但在实际业务中增值额是很难准确计算的。根据纳税人的不同，在实际操作中分别采取了不同的方法对增值税税款进行计算。对一般纳税人一般采取购进扣税法计算应纳增值税税额，即按当期销售额和适用税率计算出销项税额，再对当期购进项目已经缴纳的税款进行抵扣，从而计算出当期增值额部分的应纳税额。对小规模纳税人一般采取简易计税方法，按照销售额与征收率计算应纳税额。

一、增值税的税率与征收率

增值税采用比例税率，根据纳税人的不同采用不同的税率形式。

> 销售地板砖和铺设地板砖，适用税率一样吗？

（一）增值税税率

自 2019 年 4 月 1 日起，增值税一般纳税人发生增值税应税销售行为或者进口货物，适用税率调整为 13%、9%、6%和零税率四个档次，每种税率适用的销售行为如下。

1. 适用 13%税率

纳税人销售或进口货物、提供加工、修理修配劳务和有形动产租赁服务，除适用低税率和适用征收率的范围之外，税率一律为 13%，即通常所说的基本税率。

2. 适用 9%税率

纳税人提供交通运输、邮政、基础电信、建筑、不动产租赁服务，销售不动产，转让土地使用权，销售或者进口农产品（含粮食）、自来水、暖气、石油液化气、天然气、食用植物油、冷气、热水、煤气、居民用煤炭制品、食用盐、农机、饲料、农药、农膜、化肥、沼气、二甲醚、图书、报纸、杂志、音像制品、电子出版物等，适用 9%的税率。

3. 适用 6%税率

纳税人销售金融业、生活服务业及现代服务业中的研发和技术服务、信息技术服务、文化创意服务、物流辅助服务、鉴证咨询服务，转让无形资产，适用 6% 的税率。

4. 适用零税率

纳税人出口货物，税率为零。国务院另有规定的除外。

（二）增值税征收率

增值税征收率是指针对特定的货物或者特定的纳税人发生应税销售行为时，在某一生产流通环节应纳税额与销售额的比率。增值税征收率适用于两种情况：一是小规模纳税人；二是一般纳税人发生应税销售行为按照规定可以选择简易计税办法计税的。

1. 征收率的一般规定

选择采用简易征收办法的应税销售行为，适用征收率一般为 3%。

但是属于以下销售行为的，适用 5%的征收率：

（1）小规模纳税人销售自建或者取得的不动产。

（2）一般纳税人选择简易计税办法计税的不动产销售。

（3）房地产开发企业中的小规模纳税人，销售自行开发的房地产项目。

（4）其他个人销售其取得（不含自建）的不动产（不含其购买的住房）。

（5）一般纳税人选择简易计税办法计税的不动产经营租赁。

（6）小规模纳税人出租（经营租赁）其取得的不动产（不含住房）。

（7）其他个人出租（经营租赁）其取得的不动产（不含住房）。

（8）个人出租住房，应按照 5%的征收率减按 1.5%计算应纳税额。

（9）一般纳税人和小规模纳税人提供劳务派遣服务选择差额纳税的。

（10）一般纳税人提供人力资源外包服务，选择适用简易计税办法的。

（11）增值税条例规定的其他特殊应税销售行为。

> **特殊行业的一般纳税人增值税计税办法**
> 财政部和国家税务总局规定，一般纳税人销售商品混凝土、自来水、建筑用砂、土石料、砖、瓦、石灰（不含黏土实心砖、瓦）等产品的，可以选择适用简易计税办法依照3%的征收率计算缴纳增值税，并可开具专用发票。

2．征收率的特殊规定

根据增值税法的有关规定，适用 3%征收率的某些增值税一般纳税人和小规模纳税人，可以减按2%计征增值税。

（1）一般纳税人销售自己使用过的属于不得抵扣且未抵扣进项税额的固定资产，按照简易办法依照3%征收率减按2%征收增值税。

（2）小规模纳税人销售自己使用过的固定资产，减按2%的征收率征收增值税。

（3）纳税人销售旧货，按照简易计税办法依照3%的征收率减按2%征收增值税。旧货是指进入二次流通的具有部分使用价值的货物（包含旧汽车、旧摩托车和旧游艇），但不包括自己使用过的物品。

【思考与练习】

下列适用 9%税率的项目有（　　）。
A．销售农机零配件　　　　　　　　B．销售汽车
C．销售给居民使用的煤炭制品　　　　D．加工农机零配件的加工费收入

二、一般纳税人应纳税额的计算

增值税一般纳税人销售货物或提供应税劳务，应纳税额为当期销项税额抵扣当期进项税额后的余额，计算公式为：

应纳税额=当期销项税额-当期进项税额
=当期销售额×适用税率-当期进项税额

> 同样销售煤炭，一般纳税人和小规模纳税人的计税方法一样吗？

从公式可以看出，增值税一般纳税人应纳税额的多少，取决于当期销项税额和当期进项税额两个因素，需要分别计算销项税额和进项税额。

（一）销项税额

销项税额是指纳税人购进货物或提供应税劳务，按照销售额或应税劳务和规定的税率计算并向购买方收取的增值税税额。

1．销项税额的计算公式

销项税额=销售额×适用税率

2．不含税销售额的计算公式

不含税销售额=含税销售额÷（1+适用税率）

3．视同销售行为销售额的确定

税法规定，对视同销售征税而无销售额的按下列顺序确定销售额：第一，按纳税人当月同类货物的平均销售价格确定；第二，按纳税人最近时期同类货物的平均销售价格确定；第三，按组成计税价格确定。组成计税价格的计算公式为：

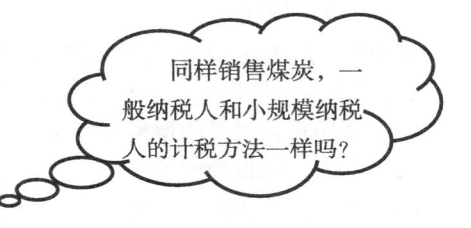

$$组成计税价格=成本×（1+成本利润率）$$
$$销项税额=组成计税价格×适用税率$$

公式中的成本利润率由国家税务总局确定，一般为10%（假设该货物不缴纳消费税）。

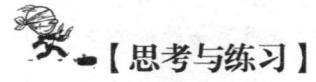

【思考与练习】

大华服装厂为增值税一般纳税人，2020年2月，自营门店取得零售收入1 170万元，批发一批服装，开出的增值税专用发票中注明销售额为800万元，另将成本为3万元的服装无偿捐赠给本地敬老院。请计算以上业务2月份的销项税额。

相 关 概 念

销售额是指纳税人因销售货物或提供服务而向购买方收取的全部价款和价外费用。由于增值税是价外税，因此公式中的销售额都是不包含增值税的。

价外费用： 包括向购买方收取的手续费、补贴、基金、集资费、返还利润、奖励费、违约金、滞纳金、延期付款利息、赔偿金、代收款项、代垫款项、包装费、包装物租金、储备费、优质费、运输装卸费及其他各种性质的价外收费。

含税销售额的判定如下。

下列情况一般为含税销售额：普通发票上注明的销售额；商业企业零售价；价税合计收取的金额；价外费用；包装物押金；建筑安装合同上的货物金额（主要涉及销售自产货物并提供建筑业劳务的合同）。

（二）进项税额

进项税额是纳税人购进货物或接受应税劳务等所支付或负担的增值税税额。

1. 准予从销项税额中抵扣的进项税额

（1）从销售方取得的增值税专用发票上注明的增值税税额。

（2）从海关取得的海关进口增值税专用缴款书上注明的增值税税额。

（3）自境外单位或个人购进劳务、服务、无形资产或者境内的不动产，从税务机关或者扣缴义务人取得的代扣代缴税款的完税凭证上注明的增值税税额。

（4）购进农产品，按照农产品收购发票或销售发票上注明的买价和9%的扣除率计算的进项税额。

$$进项税额=买价×9\%$$

说明： 纳税人购进农产品，取得一般纳税人开具的增值税专用发票或海关进口增值税专用缴款书的，以发票或缴款书上注明的增值税税额为进项税额；从按照简易计税方法依照3%征收率计算缴纳增值税的小规模纳税人取得增值税专用发票的，以增值税专用发票上注明的金额和9%的扣除率计算进项税额；取得（开具）农产品销售发票或收购发票的，以农产品销售发票或收购发票上注明的农产品买价和9%的扣除率计算进项税额。

【思考与练习】

天成粮油公司为增值税一般纳税人，主要经营农产品的购销业务。2020年9月收购一批玉米，支出10万元，并开具农产品收购专用发票。本月又将其销售给一家饲料厂，收到货款

10万元存入银行。不考虑增值税外的其他税费，该笔业务对营业利润的影响为（　　）。

　　A．743.12元　　　　　B．0元　　　　　C．900元　　　　　D．-900元

（5）购进或销售货物及在生产经营过程中支付运输费用的，按照增值税专用发票上注明的运输费用金额和9%的税率计算进项税额。

$$进项税额=运输费用×9\%$$

运输费用的增值税抵扣

运输费用是指运输单位开具的货票上注明的运费、建设基金，不包括随同运费支付的装卸费、保险费等其他杂费。在"营改增"之前，增值税一般纳税人外购货物所支付的运输费用，根据运费结算单据所列运费金额按7%的扣除率计算的进项税额准予扣除，"营改增"之后由7%的扣除率逐步调整为现在的增值税税率9%。

（6）购买各种机动车辆，取得的机动车销售统一发票上注明的增值税进项税额（纳税人自用的应征消费税的摩托、汽车、游艇，其进项税额准予抵扣）。

（7）增值税一般纳税人支付的道路、桥、闸通行费，按照以下规定抵扣进项税额：

纳税人支付的道路通行费，按照取得的增值税电子普通发票上注明的增值税税额抵扣进项税额。

纳税人支付的桥、闸通行费，暂凭取得的通行费发票注明的收费金额计算可抵扣进项税额，具体计算如下：

　　桥、闸通行费可抵扣进项税额=桥、闸通行费发票上注明的金额÷(1+5%)×5%

（8）增值税一般纳税人购进国内旅客运输服务，可以作为进项税额抵扣的凭证有：增值税专用发票，增值税电子普通发票，注明旅客身份信息的航空运输电子客票行程单、铁路车票以及公路、水路等其他客票。其中未取得增值税专用发票的，按以下规定确定进项税额：

取得增值税电子普通发票的，为发票上注明的税额；

> 公司销售部全体人员乘坐高铁去杭州参加展销会，那么高铁车票能否抵扣进项税额？如何抵扣？

取得注明旅客身份信息的航空运输电子客票行程单的，按照下列公式计算进项税额：

　　航空旅客运输进项税额=（票价+燃油附加费）÷（1+9%）×9%

取得注明旅客身份信息的铁路车票的，按照下列公式计算进项税额：

　　铁路旅客运输进项税额=票面金额÷（1+9%）×9%

取得注明旅客身份信息的公路、水路等其他客票的，按照下列公式计算进项税额：

　　公路、水路等其他旅客运输进项税额=票面金额÷（1+3%）×3%

【思考与练习】

差旅费是企业经常发生的费用，为合理降低企业税负，财务要求出差人员必须取得能够抵扣进项税额的票据。那么哪些费用、什么样的票据可以抵扣进项税额呢？餐费、住宿费是否可以抵扣？请逐一列举。

2. 不得从销项税额中抵扣的进项税额

（1）用于简易计税方法计税的项目、免征增值税项目、集体福利或者个人消费的购进货物、加工修理修配劳务、服务、无形资产和不动产。

（2）非正常损失的购进货物，以及相关的加工修理修配劳务和交通运输服务。

（3）非正常损失的产品、产成品所耗用的购进货物（不包括固定资产）、加工修理修配劳务和交通运输服务。

（4）非正常损失的不动产，以及该不动产所耗用的购进货物、设计服务和建筑服务。

（5）非正常损失的不动产在建工程所耗用的购进货物、设计服务和建筑服务。

（6）购进的贷款服务、餐饮服务、居民日常服务和娱乐服务。

（7）接受贷款服务时向贷款方支付的与该笔贷款直接相关的投融资顾问费、手续费、咨询费等，其进项税额不得从销项税额中抵扣。

（8）财政部和国家税务总局规定的其他情形。

> **不动产增值税的抵扣**
>
> 增值税一般纳税人 2016 年 5 月 1 日后取得并在会计制度上按固定资产核算的不动产，以及 2016 年 5 月 1 日后发生的不动产在建工程，其进项税额应按照本办法有关规定分两年从销项税额中抵扣，第一年抵扣比例为 60%，第二年抵扣比例为 40%。
>
> 自 2019 年 4 月 1 日起，停止执行以上项目进项税额分两年抵扣的规定。此前尚未抵扣完毕的待抵扣进项税额，可以自 2019 年 4 月税款所属期起从销项税额中抵扣。

【思考与练习】

某企业为增值税一般纳税人，2020 年 2 月发生如下业务：

（1）购进一批原材料，取得的增值税专用发票上注明的税款为 13 000 元，另支付运输费用 1 000 元，增值税专用发票上注明运费 800 元，建设基金 100 元，保险费、装卸费 100 元。

（2）从农业生产者手中收购一批农产品，收购发票注明的买价为 20 000 元。

（3）外购一批机器设备，支付增值税进项税额 90 万元。因管理不善，造成购进的该批机器设备一部分损坏无法维修使用，经核实损失了 1/4。

计算该企业 2 月可以抵扣的进项税额。

3. 应纳税额的计算实例

某糕点厂为增值税一般纳税人，2020 年 7 月发生如下业务：

（1）向某超市（一般纳税人）销售糕点，开出一张增值税专用发票，注明价款为 5 万元，增值税税额为 6 500 元。

（2）向商店（小规模纳税人）销售糕点，开具增值税普通发票，合计价款为 1 万元。

（3）将 300 盒自产糕点发放给本厂职工，该糕点的对外销售价格（不含税）为 20 元/盒。

（4）本月从农场购进一批小麦，在收购凭证上注明买价为 50 000 元。

（5）本月购进一批食品盒，取得了一张增值税专用发票，上面注明价款为 5 000 元，增值税税额为 650 元。

问：该企业本月应纳增值税税额是多少？

解析：

（1）该企业本月销项税额如下。

① 向超市销售糕点的销项税额为 6 500 元。
② 向商店销售糕点的销项税额为 10 000÷（1+13%）×13%=1 150.44（元）。
③ 将自产糕点发放给本厂职工视同销售行为，销项税额为 300×20×13%=780（元）。
销项税额合计为 6 500+1 150.44+780=8 430.44（元）。
（2）该企业本月进项税额如下。
① 从农场购进小麦的进项税额为 50 000×9% = 4 500（元）。
② 购进食品盒的进项税额为 650 元。
本月允许抵扣的进项税额合计为 4 500 + 650 = 5 150（元）。
本月应纳增值税为 8 430.44 − 5 150 = 3 280.44（元）。

相关知识

增值税一般纳税人取得专用发票、机动车销售统一发票后，应在开具之日起 360 日（2017 年 7 月 1 日后开具的）或 180 日（2017 年 7 月 1 日前开具的）内向所属税务机关申请认证，并在申报期内向主管税务机关申报抵扣进项税额。

三、小规模纳税人应纳税额的计算

小规模纳税人销售货物或者应税劳务，实行简易方法计算应纳税额，即按照销售额和规定的征收率（一般为 3%，个别情况下为 5%）计算应纳税额，不得抵扣进项税额。应纳税额的计算公式为：

（小规模纳税人的会计核算）

$$应纳税额=销售额×征收率$$

公式中的销售额为不含税销售额，但小规模纳税人在销售货物或提供应税劳务时，很多时候取得的销售收入为含税销售额。因此，小规模纳税人在计算应纳税额时，须将含税销售额换算为不含税销售额。

$$不含税销售额=含税销售额÷（1+征收率）$$

【思考与练习】

某餐馆为增值税小规模纳税人，2020 年 3 月购进一批原材料取得增值税普通发票，支付金额 50 000 万元，支付水电费 500 元，本月总共取得含增值税的餐饮收入 108 000 元，请计算该餐馆 3 月份应缴纳的增值税税额。

四、进口货物应纳税额的计算

纳税人进口货物按照组成计税价格和规定的税率计算应纳税额，其组成计税价格和应纳税额的计算公式为：

$$组成计税价格=关税完税价格+关税+消费税$$
$$应纳税额=组成计税价格×税率$$

【思考与练习】

某进出口企业为增值税一般纳税人，2020 年 3 月进口一批货物，该批货物的完税价格为 100 万元，关税为 60 万元，消费税为 30 万元，适用的增值税税率为 13%。请计算该批货物进口环节应缴纳的增值税。

> **个人转让二手房的增值税缴纳**
> 　　根据《财政部 国家税务总局关于全面推开营业税改征增值税试点的通知》（财税〔2016〕36号）附件规定：
> 　　（1）个人将购买不足2年的住房对外销售的，按照5%的征收率全额缴纳增值税；个人将购买2年以上（含2年）的住房对外销售的，免征增值税。上述政策适用于北京市、上海市、广州市和深圳市之外的地区。
> 　　（2）个人将购买不足2年的住房对外销售的，按照5%的征收率全额缴纳增值税；个人将购买2年以上（含2年）的非普通住房对外销售的，以销售收入减去购买住房价款后的差额按照5%的征收率缴纳增值税；个人将购买2年以上（含2年）的普通住房对外销售的，免征增值税。上述政策仅适用于北京市、上海市、广州市和深圳市。

【牛刀小试】

某市印刷厂为一般纳税人，2020年6月发生以下业务：
（1）接受某杂志社委托为其印刷增刊（有统一刊号），印刷厂自行购买纸张，取得的增值税专用发票上注明价款40 000元，向杂志社开具的增值税专用发票上注明金额100 000元。
（2）为某学校印刷复习资料1 000册，增值税普通发票上注明的印刷费为4 000元。
（3）接受某出版社委托，印刷有统一书号的图书5 000册，纸张由出版社提供，每册书不含税印刷费为12元。
（4）为免税产品印刷说明书收取含税加工费5 000元。
（5）购买一台设备，取得的增值税专用发票上注明税额17 000元，相关发票已经通过认证。
（6）上月购进的成本为30 930元的纸张因管理不善浸水，无法使用。
请计算该企业本月应纳增值税税额是多少？

任务三　增值税会计核算

【知识准备】

增值税会计核算是企业会计核算的重要内容，为了准确反映增值税的发生、缴纳情况，各企业要根据具体业务情况及规模大小，合理设置增值税会计科目。在实际工作中，需要对一般纳税人、小规模纳税人、进口货物分别设置增值税会计科目进行会计核算。

一、一般纳税人增值税的会计核算

我国增值税严格实行"价外计税"的办法，即以不含增值税的价格为计税依据，同时根据增值税专用发票上注明的税额实行税款抵扣制度，因此，货物和应税劳务的价款和税款应分别核算。

（一）账户设置

为了准确反映一般纳税人增值税的计算和缴纳情况，应在"应交税费"账户下设置"应交增值税""未交增值税""预交增值税""待抵扣进项税额""待认证进项税额"等明细科目。

（1）"应交税费——应交增值税"明细科目。该明细科目用来核算增值税的计算形成情况，借方一般设置"进项税额""已交税金""减免税款""销项税额""出口退税"等专栏。其账户格式如表2-1所示。

表 2-1 "应交税费——应交增值税"明细科目表

年	凭证	摘要	借方					贷方					借/贷	余额
			合计	进项税额	已交税金	减免税额	转出未交增值税	合计	销项税额	出口退税	进项税额转出	转出多交增值税		

（2）"应交税费——未交增值税"明细科目。为了分别反映企业欠缴增值税税款和待抵扣增值税情况，企业应在"应交税费"科目下设置"未交增值税"明细科目，核算一般纳税人月终时转入的应缴未缴增值税税额，转入多缴的增值税也在本明细科目显示。

（3）"应交税费——预交增值税"明细科目，核算一般纳税人转让不动产、提供不动产经营租赁服务、提供建筑服务、采用预收款方式销售自行开发的房地产项目等，以及其他按现行增值税制度规定应预缴的增值税税额。

（4）"应交税费——待抵扣进项税额"明细科目，核算一般纳税人已取得的增值税扣税凭证并经税务机关认证，按照现行增值税制度规定准予以后期间从销项税额中抵扣的进项税额。包括一般纳税人自2016年5月1日后取得并按固定资产核算的不动产或者2016年5月1日后取得的不动产在建工程，按现行增值税制度规定准予以后期间从销项税额中抵扣的进项税额；实行纳税辅导期管理的一般纳税人取得的尚未交叉稽核比对的增值税扣税凭证上注明或计算的进项税额。

（5）"应交税费——待认证进项税额"明细科目，核算一般纳税人由于未经税务机关认证而不得从当期销项税额中抵扣的进项税额。包括一般纳税人已取得的增值税扣税凭证、按照现行增值税制度规定准予从销项税额中抵扣，但尚未经税务机关认证的进项税额；一般纳税人已申请稽核但尚未取得稽核相符结果的海关缴款书显示的进项税额。

（二）一般纳税人的账务处理

一般纳税人的增值税会计核算，其账务处理如下。

1. 进项税额的会计处理

（1）购进原材料的进项税额的会计处理。

购进原材料的进项税额的会计处理如下：

借：原材料
　　应交税费——应交增值税（进项税额）
　贷：银行存款、应付账款

如果取得的增值税专用发票尚未认证，则：

借：原材料
　　应交税费——待认证进项税额
　　　贷：银行存款、应付账款
专用发票通过认证后：
借：应交税费——应交增值税（进项税额）
　　　贷：应交税费——待认证进项税额

【例2-1】光大公司为一般纳税人，2020年3月5日购入一批原材料，增值税专用发票上注明的价款为100万元，增值税税额为13万元，另支付运输费用5.45万元（含税，已取得增值税专用发票并通过认证），材料已验收入库（材料按实际成本计价），款项均已通过银行存款支付。

【解析】借：原材料　　　　　　　　　　　　　　　　　　　　　1 050 000
　　　　　　应交税费——应交增值税（进项税额）　　　　　　　　134 500
　　　　　　　贷：银行存款　　　　　　　　　　　　　　　　　　1 184 500

（2）购进货物用于集体福利或个人消费等不得抵扣进项税额业务的会计处理。

购进货物用于集体福利或个人消费的，无论其是否取得增值税专用发票，均不得计算进项税额。

【例2-2】光大公司2020年5月购入一批副食品用于职工春节福利，取得增值税专用发票，注明价款为30 000元，税额为3 900元，款项已通过银行存款支付。

【解析】取得增值税专用发票未认证时：
借：应付职工薪酬——福利费　　　　　　　　　　　　　　　　30 000
　　应交税费——待认证进项税额　　　　　　　　　　　　　　 3 900
　　　贷：银行存款　　　　　　　　　　　　　　　　　　　　33 900
发票经税务机关认证后：
借：应交税费——应交增值税（进项税额）　　　　　　　　　　 3 900
　　　贷：应交税费——待认证进项税额　　　　　　　　　　　 3 900
因用于非应税项目不能抵扣，做进项税额转出：
借：应付职工薪酬——福利费　　　　　　　　　　　　　　　　 3 900
　　　贷：应交税费——应交增值税（进项税额转出）　　　　　 3 900

（3）委托加工材料、接受应税劳务的进项税额的会计处理。

委托方根据增值税专用发票上注明的加工费或应税劳务的增值税额，借记"应交税费——应交增值税（进项税额）"科目。

【例2-3】大华机械厂机加工车间6月份委托渤海修理厂修理车床，支付修理费2 000元，增值税税额260元，根据修理厂开来的专用发票（已认证）做会计分录。

【解析】借：制造费用　　　　　　　　　　　　　　　　　　　　2 000
　　　　　　应交税费——应交增值税（进项税额）　　　　　　　　260
　　　　　　　贷：应付账款——渤海修理厂　　　　　　　　　　2 260

（4）购进免税农产品的进项税额的会计处理。

企业购进免税农产品，按买价的9%计算准予抵扣的进项税额，借记"应交税费——应交增值税（进项税额）"科目；按买价扣除相应的进项税额后的余额，借记"原材料"和"材料采购"等科目；按应付或实际支付的价款，贷记"应付账款""银行存款""现金"等科目。

【例2-4】麦香面粉厂从农村收购一批小麦作为本企业原材料用。该批农业产品收购专用发票上注明的价款为4万元（已认证），款项已支付，货物已验收入库，做会计分录。

【解析】借：原材料　　　　　　　　　　　　　　　　　　36 400
　　　　　应交税费——应交增值税（进项税额）　　　　3 600
　　　　贷：银行存款　　　　　　　　　　　　　　　　　40 000

2. 进项税额转出的会计核算

企业购进的货物发生非常损失或改变用途等，其进项税额不得抵扣，应将其从原计入的进项税额中转出，借记有关成本费用科目，贷记"应交税费——应交增值税（进项税额转出）"科目。

【例2-5】振华机械厂上月购进的一批生产用原材料因为火灾毁损，其账面成本为20万元，做会计分录。

【解析】借：待处理财产损溢——待处理流动资产损溢　　226 000
　　　　贷：原材料　　　　　　　　　　　　　　　　　200 000
　　　　　　应交税费——应交增值税（进项税额转出）　 26 000

3. 销项税额的会计处理

企业销售货物，按照实现的销售额与收取的增值税税额之和，借记"应收账款""应收票据""银行存款"等科目；按照实现的销售额，贷记"主营业务收入"科目；根据按规定收取的增值税税额，贷记"应交税费——应交增值税（销项税额）"科目。

【例2-6】天华机械厂采用汇兑结算方式销售给光明工厂甲产品360件，单价为600元，增值税税额为36 720元，开出转账支票，支付代垫运杂费1 000元，货款尚未收到，做会计分录。

【解析】借：应收账款——光明工厂　　　　　　　　　　245 080
　　　　贷：主营业务收入　　　　　　　　　　　　　　216 000
　　　　　　应交税费——应交增值税（销项税额）　　　 28 080
　　　　　　银行存款　　　　　　　　　　　　　　　　　1 000

4. 增值税月末结转及缴纳的会计处理

月份终了，企业应汇总确定本月"销项税额""进项税额转出"和"进项税额"等，并根据上述资料计算确定本月"应交增值税"，然后将本月"应交增值税"与本月"已交税金"对比（需考虑月初欠交或多交增值税因素），计算确定出本月应交未交或多交增值税额并进行结转。结转后"应交税金——应交增值税"账户月末没有余额。

（1）企业应将当月发生的应交未交增值税税额自"应交税金——应交增值税"科目转入"未交增值税"明细科目，借记"应交税金——应交增值税（转出未交增值税）"科目，贷记"应交税金——未交增值税"科目。

（2）结转本月多交的增值税税额时，将本月多交的增值税自"应交税金——应交增值税"科目转入"未交增值税"明细科目，借记"应交税金——未交增值税"科目，贷记"应交税金——应交增值税（转出多交增值税）"科目。

（3）为方便核算，很多企业都是在月底结账时计算出应交增值税税额，并转入"应交税金——未交增值税"科目，次月15日前向税务部门申报并扣税。

【例2-7】2020年3月，天华机械厂发生销项税额合计100万元，进项税额转出合计20万元，进项税额合计80万元。企业当月应交增值税为：

应交增值税=100+20−80=40（万元）

做月末结账会计分录。

【解析】借：应交税费——应交增值税（转出未交增值税）　400 000
　　　　贷：应交税费——未交增值税　　　　　　　　　400 000

次月扣税时：
借：应交税费——未交增值税　　　　　　　　400 000
　　贷：银行存款　　　　　　　　　　　　　　　400 000
很多企业采用以下简便办法核算增值税，月末结账具体处理如下：
借：应交税费——应交增值税（销项税额）　　1 000 000
　　应交税费——应交增值税（进项税额转出）　200 000
　　贷：应交税费——应交增值税（进项税额）　　800 000
　　　　应交税费——未交增值税　　　　　　　　400 000
次月扣税时：
借：应交税费——未交增值税　　　　　　　　400 000
　　贷：银行存款　　　　　　　　　　　　　　　400 000

二、小规模纳税人增值税的会计核算

由于小规模纳税人不得抵扣任何税额，因此小规模纳税人不需要单独核算"进项税额"和"销项税额"等，只需核算"应交税费——应交增值税"科目。

【例 2-8】 华滨商行属于小规模纳税人，3月产品含税销售收入为106 000元，货款尚未收到，做会计分录。

【解析】（1）销售货款未收到时：

应纳增值税税额 = 106 000÷(1 + 3%)×3% = 3 087.38（元）

借：应收账款　　　　　　　　　　　106 000
　　贷：主营业务收入　　　　　　　　　102 912.62
　　　　应交税费——应交增值税　　　　3 087.38

（2）次月缴纳增值税时：

借：应交税费——应交增值税　　　　3 087.38
　　贷：银行存款　　　　　　　　　　　3 087.38

小微企业增值税优惠政策

根据《财政部 税务总局关于实施小微企业普惠性税收减免政策的通知》（财税〔2019〕13号），对月销售额10万元以下（含10万元）的小规模纳税人，免征增值税。超过10万元的，全额纳税。

【牛刀小试】

天华机械厂为一般纳税人，2020年5月发生如下业务：

1日，购入一批原材料，增值税专用发票（已认证）上注明的价款为600万元，增值税税额为78万元。货款已经支付，材料已经到达并验收入库。

2日，购进免税农产品作为原材料，共支付货款10万元。材料已验收入库。

15日，销售一批产成品，开具的增值税专用发票上注明的价款为200万元，增值税税额为26万元，货款已收讫。

26日，企业外购的5万元原材料因火灾毁损，该批原材料适用13%的税率。

请根据以上业务进行相应的会计处理。

任务四　增值税纳税申报

【知识准备】

增值税纳税申报是缴纳增值税程序的中心环节。它是一般纳税人和小规模纳税人在发生纳税义务后，按照税务机关规定的内容和期限，向主管税务机关以书面报表的形式申明有关增值税纳税事项及应纳税额所履行的法定手续，也是基层税务机关核定应纳税额和填开纳税凭证的主要依据。

一、增值税纳税义务发生时间

《中华人民共和国增值税暂行条例》明确规定了增值税纳税义务发生的时间，即以销售实现时间为增值税纳税义务发生时间，具体规定如下：

（1）销售货物或提供应税劳务的，为收讫销售款或者取得销售凭据的当天。

（2）进口货物，为报关进口的当天。

（3）采取直接收款方式销售货物的，不论货物是否发出，均为收到货款或取得货款凭据并将提货单交给买方的当天。

（4）采取托收承付和委托银行收款方式销售货物的，为发出货物并办妥托收手续的当天。

（5）采取赊销和分期收款方式销售货物的，为合同约定的收款日期当天；无书面合同的或者书面合同没有约定收款日期的，为货物发出的当天。

（6）采取预收货款方式销售货物的，为货物发出的当天。

（7）委托其他单位代销货物的，为收到代销单位开来的代销清单或者收到全部或部分货款的当天。

（8）销售应税劳务的，为提供劳务同时收讫货款或取得货款凭据的当天。

（9）纳税人发生视同销售货物行为的，为货物移送的当天。

> **代销货物相关概念**
>
> 纳税人以代销方式销售货物，在收到代销清单前已收到全部或部分货款的，其纳税义务发生时间为收到全部或部分货款的当天；对于发出代销货物超过 180 天仍未收到代销清单及货款的，视同销售实现，一律征收增值税，其纳税义务发生时间为发出代销货物满 180 天的当天。

【思考与练习】

渤海机床厂为一般纳税人，2020 年 2 月采用分期收款结算方式销售给振滨机械厂两台普通车床，价款为 100 000 元，货已发出，合同规定本月到期货款为 40 000 元，但实际只收回货款 20 000 元。

请问：该机床厂 2 月增值税的销售额应如何确定？

二、增值税纳税期限

（一）增值税纳税期限的规定

增值税的纳税期限分别为 1 日、3 日、5 日、10 日、15 日、1 个月或者 1 个季度。纳税人的具体纳税期限由主管税务机关根据纳税人应纳税额的大小分别核定；不能按照固定期限纳税的，可以按次纳税。现在多数企业都是执行 1 个月的纳税期限，小微企业可选择 1 个季度为纳税期限。

（二）增值税纳税申报期限的规定

（1）纳税人以 1 个月或者 1 个季度为纳税期限的，自期满之日起 15 日内申报纳税；以 1 日、3 日、5 日、10 日或者 15 日为一期纳税的，自期满之日起 5 日内预缴税款，于次月 1 日起 15 日内申报纳税并结清上月应纳税额。

（2）纳税人进口货物，应当自海关填发税款缴纳证的次日起 15 日内缴纳税款。

相 关 知 识

纳税人要保证及时足额缴纳增值税，除掌握应纳税额的计算方法外，还要厘清纳税义务发生时间、纳税期限和纳税申报时间的关系。首先，根据税法确定不同税种的纳税期限是按年纳税、按期纳税还是按次纳税；其次，确定每一笔业务的纳税义务发生时间是否属于该纳税期限；最后，根据纳税义务发生时间确定该纳税期限的应纳税额，在纳税期满后的纳税申报时间内申报并缴纳税款。

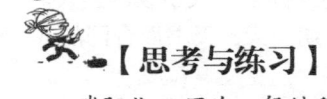

【思考与练习】

瑞阳化工厂为一般纳税人，以 1 个月为纳税期限，2020 年 5 月发生以下业务：
（1）2 日，采用预收货款方式销售货物，货物已发出，货款 35 万元已到账。
（2）8 日，采用直接收款方式销售一批货物，开出的增值税专用发票上注明的价款为 25 万元。
（3）15 日，收到上月赊销已开具发票的货款 10 万元。
（4）20 日，采用赊销方式销售一批货物，价款为 30 万元，合同约定 6 月 20 日收款。
要求：确定该企业以上业务的纳税义务发生的时间。

三、增值税纳税地点

增值税的纳税地点是指纳税人申报缴纳增值税税款的地点，具体规定如下。

（1）固定业户应当向其机构所在地或者居住地主管税务机关申报纳税。总机构和分支机构不在同一县（市）的，应当分别向各自所在地的主管税务机关申报纳税；经财政部和国家税务总局或者其授权的财政和税务机关批准，可以由总机构汇总，并向总机构所在地的主管税务机关申报纳税。

（2）固定业户到外县（市）销售货物或者应税劳务，应当向其机构所在地的主管税务机关申请开具外出经营活动税收管理证明，并向其机构所在地的主管税务机关申报纳税；未开具证明的，应当向销售地或者劳务发生地的主管税务机关申报纳税；未向销售地或者劳务发生地的主管税务机关申报纳税的，由其机构所在地的主管税务机关补征税款。

（3）非固定业户销售货物或者应税劳务，应当向销售地或者劳务发生地的主管税务机关申报纳税；未向销售地或者劳务发生地的主管税务机关申报纳税的，由其机构所在地或者居住地的主管税务机关补征税款。

（4）进口货物，应当向报关地海关申报纳税。

扣缴义务人应当向其机构所在地或者居住地的主管税务机关申报缴纳其扣缴的税款。

> **纳税人跨县（市、区）提供建筑服务的增值税处理**
>
> 纳税人跨县（市、区）提供建筑服务，应按照财税〔2016〕36号文件规定的纳税义务发生时间和计税方法，向建筑服务发生地主管税务机关预缴税款，向机构所在地主管税务机关申报纳税。其中一般纳税人跨县（市、区）提供建筑服务，适用一般计税方法的，按照2%的预征率计算预缴税款；适用简易计税办法的，按照3%的预征率计算预缴税款。小规模纳税人跨县（市、区）提供建筑服务，按照3%的征收率计算预缴税款。

四、增值税纳税申报

一般纳税人和小规模纳税人采用不同的办法申报纳税。

（一）一般纳税人的纳税申报

一般纳税人按月申报，申报期为次月1日起至15日。纳税申报材料包括纳税申报表及其附列资料和纳税申报表其他资料。

1. 纳税申报表及其附列资料

（1）增值税纳税申报表（一般纳税人适用）。

（2）增值税纳税申报表附列资料（一）（本期销售情况明细）。

（3）增值税纳税申报表附列资料（二）（本期进项税额明细）。

（4）增值税纳税申报表附列资料（三）（服务、不动产和无形资产扣除项目明细）。一般纳税人销售服务、不动产和无形资产，在确定服务、不动产和无形资产销售额时，按照有关规定可以从取得的全部价款和价外费用中扣除价款的，需填报增值税纳税申报表附列资料（三）。其他情况不填写该附列资料。

（5）增值税纳税申报表附列资料（四）（税额抵减情况表）。

（6）增值税纳税申报表附列资料（五）（不动产分期抵扣计算表）。

> **相 关 知 识**
>
> 自2016年12月1日起，纳税信用等级为A级、B级、C级的一般纳税人取得销售方使用增值税发票系统升级版开具的增值税发票（包括增值税专用发票、机动车销售统一发票），可以不再进行扫描认证，通过增值税发票税控开票软件登录本省增值税发票查询平台，查询并选择用于申报抵扣的增值税发票信息。
>
> 自2017年7月1日起，一般纳税人取得的2017年7月1日及此后开具的增值税专用发票和机动车销售统一发票，应自开具之日起360日内认证或登录增值税发票选择确认平台进行确认，并申报抵扣。

（7）固定资产（不含不动产）进项税额抵扣情况表。

（8）本期抵扣进项税额结构明细表。

(9)增值税减免税申报明细表。

2. 纳税申报表其他资料

(1)已开具的税控机动车销售统一发票和普通发票的存根联。

(2)符合抵扣条件且在本期申报抵扣的增值税专用发票(含税控机动车销售统一发票)的抵扣联。

(3)符合抵扣条件且在本期申报抵扣的海关进口增值税专用缴款书、购进农产品取得的普通发票的复印件。

(4)符合抵扣条件且在本期申报抵扣的税收完税凭证及其清单、书面合同、付款证明和境外单位的对账单或者发票。

(5)已开具的农产品收购凭证的存根联或报查联。

(6)纳税人销售服务、不动产和无形资产,在确定服务、不动产和无形资产销售额时,按照有关规定从取得的全部价款和价外费用中扣除价款的合法凭证及其清单。

(7)主管税务机关规定的其他资料。

纳税申报表及其附列资料为必报资料。纳税申报表其他资料的报备要求由各省、自治区、直辖市和计划单列市国家税务局确定。

3. 一般纳税人纳税申报流程

(1)核实纳税人的应税货物和劳务的销售行为及视同销售的行为,确定当期销售额,然后根据适用的税率计算当期销项税额,据实填写增值税纳税申报表附列资料。

(2)核实纳税人的应税货物、劳务和固定资产的购进及购进后的使用保管情况,确定准予抵扣和不准予抵扣的进项税额,据实填写增值税纳税申报表附列资料。

(3)根据核实的销项税额和进项税额的情况及填写的附表资料,填报增值税纳税申报表(一般纳税人适用)。

(4)一般纳税人应将增值税纳税申报表(见表2-2)、附表和相关资料,在法定的期限或主管税务机关确定的期限内通过网络传输给税务机关(或自行去税务大厅申报),然后由出纳员到指定银行预存税款,再由银行直接划拨缴入国库。

表2-2 增值税纳税申报表

(一般纳税人适用)

根据国家税收法律法规及增值税相关规定制定本表。纳税人不论有无销售额,均应按主管税务机关核定的纳税期限按期填报本表,并向当地税务机关申报。

税款所属时间:自 年 月 日至 年 月 日

填表日期: 年 月 日　　　金额单位:元至角分

纳税人识别号 □□□□□□□□□□□□□□□□□□□□ 所属行业:

纳税人名称	(公章)	法定代表人姓名		注册地址		生产经营地址	
开发银行及账号		登记注册类型				电话号码	

项目		栏次	一般项目		即征即退项目	
			本月数	本年累计	本月数	本年累计
销售额	(一)按适用税率征税货物及劳务销售额	1				
	其中,应税货物销售额	2				
	应税劳务销售额	3				
	纳税检查调整的销售额	4				
	(二)按简易征收办法征税货物销售额	5				
	其中,纳税检查调整的销售额	6				

续表

销售额	（三）免、抵、退办法出口货物销售额	7		—	—
	（四）免税货物及劳务销售额	8		—	—
	其中，免税货物销售额	9		—	—
	免税劳务销售额	10		—	—
税款计算	销项税额	11			
	进项税额	12			
	上期留抵税额	13		—	—
	进项税额转出	14			
	免抵退货物应退税额	15			
	按适用税率计算的纳税检查应补缴税额	16		—	—
	应抵扣税额合计	17=12+13-14-15+16		—	—
	实际抵扣税额	18（如17<11，则为17，否则为11）			
	应纳税额	19=11-18			
	期末留抵税额	20=17-18		—	—
	简易征收办法计算的应纳税额	21			
	按简易征收办法计算的纳税检查应补缴税额	22		—	—
	应纳税额减征额	23			
	应纳税额合计	24=19+21-23			
税款缴纳	期初未缴税额（多缴为负数）	25			
	实收出口开具专用缴款书退税额	26		—	—
	本期已缴税额	27=28+29+30+31			
	①分次预缴税额	28		—	—
	②出口开具专用缴款书预缴税额	29		—	—
	③本期缴纳上期应纳税额	30			
	④本期缴纳欠缴税额	31			
	期末未缴税额（多缴为负数）	32=24+25+26-27			
	其中，欠缴税额（≥0）	33=25+26-27		—	—
	本期应补（退）税额	34=24-28-29			
	即征即退实际退税额	35	—		
	期初未缴查补税额	36		—	—
	本期入库查补税额	37		—	—
	期末未缴查补税额	38=16+22+36-37		—	—

41

续表

授权声明	如果你已委托代理人申报，请填写下列资料： 为代理一切税务事宜，现授权　　　　（地址）　　　　为本纳税人的代理申报人，任何与本申报表有关的往来文件，都可寄与此人。 授权人签字：	申报人声明	此纳税申报表是根据《中华人民共和国增值税暂行条例》的规定填报的，我相信它是真实的、可靠的、完整的。 声明人签字：

主管税务机关：　　　　　　　　接收人：　　　　　　　　接收日期：

（二）小规模纳税人的纳税申报

小规模纳税人实行简易计税方法，其纳税申报的具体操作相对一般纳税人来说简单一些。

1. 纳税申报资料

小规模纳税人纳税申报时，应提供增值税纳税申报表（小规模纳税人适用）、增值税纳税申报表（小规模纳税人适用）附列资料和增值税减免税申报明细表。小规模纳税人销售服务，在确定服务销售额时，按照有关规定可以从取得的全部价款和价外费用中扣除价款的，需填报增值税纳税申报表（小规模纳税人适用）附列资料。其他情况不填写该附列资料。

2. 小规模纳税人纳税申报流程

（1）填报增值税纳税申报表（小规模纳税人适用），如表2-3所示。

表2-3　增值税纳税申报表

（小规模纳税人适用）

纳税人识别号：□□□□□□□□□□□□□□□□□□

纳税人名称（公章）：　　　　　　　　　　　　　　　　　金额单位：元（列至角分）

税款所属期：　　年　月　日至　　年　月　日　　　　　　填表日期：　年　月　日

	项　目	栏次	本期数		本年累计	
			货物及劳务	服务、不动产和无形资产	货物及劳务	服务、不动产和无形资产
一、计税依据	（一）应征增值税不含税销售额	1				
	税务机关代开的增值税专用发票不含税销售额	2				
	税控器具开具的普通发票不含税销售额	3				
	（二）销售、出租不动产不含税销售额	4	—		—	
	税务机关代开的增值税专用发票不含税销售额	5	—		—	
	税控器具开具的普通发票不含税销售额	6	—		—	
	（三）销售使用过的固定资产不含税销售额	7（7≥8）		—		—
	其中：税控器具开具的普通发票不含税销售额	8		—		—
	（四）免税销售额	9=10+11+12				
	其中：小微企业免税销售额	10				
	未达起征点销售额	11				
	其他免税销售额	12				
	（五）出口免税销售额	13（13≥14）				
	其中：税控器具开具的普通发票销售额	14				

续表

			15			
二 税 款 计 算	本期应纳税额		15			
	本期应纳税额减征额		16			
	本期免税额		17			
	其中：	小微企业免税额	18			
		未达起征点免税额	19			
	应纳税额合计		20=15-16			
	本期预缴税额		21		—	—
	本期应补（退）税额		22=20-21			
纳税人或代理人声明： 本纳税申报表是根据国家税收法律法规及相关规定填报的，我确定它是真实的、可靠的、完整的。	如纳税人填报，由纳税人填写以下各栏：					
	办税人员：　　　　　　　　　　财务负责人：					
	法定代表人：　　　　　　　　　　联系电话：					
	如委托代理人填报，由代理人填写以下各栏：					
	代理人名称（公章）：　　　　　　经办人：					
				联系电话：		

主管税务机关：

小规模纳税人无论当期有无发生额，均应填报增值税纳税申报表（小规模纳税人适用），于次月15日前报主管税务征收机关。

（2）整理纳税资料并申报。

纳税人、扣缴义务人可以直接到税务机关办理纳税申报或报送代扣代缴、代收代缴税款报告表，也可以按照规定采取邮寄、数据电文或者其他方式办理申报。现在企业一般都通过税务部门网上办税平台进行网上申报。

【牛刀小试】

美瞳化妆品厂是一般纳税人，税务机关核定其纳税期限为1个月。该企业2020年5月的有关资料和纳税申报资料如下。

（1）"应交税金——应交增值税"明细账期初借方余额为50 000元。

（2）5月9日，该企业外购一批原材料，取得一张增值税专用发票，发票上注明的价款为60万元，增值税税额为7.8万元，该发票当月已经通过税务机关的认证；取得物流公司开具的一张运费增值税专用发票，合计金额为1.09万元，已认证。货款尚未支付，运费已经付讫。

（3）5月10日，购入一台机器设备，取得一张增值税专用发票，发票上注明的价款为30万元，增值税税额为3.9万元，该发票当月已经通过税务机关的认证；取得物流公司开具的一张运费增值税专用发票，合计金额为2 180元。货款和运费已经转账付讫。

（4）5月10日，销售一批自产化妆品，并开具增值税专用发票，价款为100万元，增值税税额为13万元。款项已经收讫。

（5）5月20日，企业购入一辆小汽车，取得一张机动车销售统一发票，发票上注明的车价为20万元，增值税税额为2.6万元（已认证）；另外取得两张普通发票，发票上注明了办理牌照等缴纳的相关税费共计3万元。款项均已转账付讫。

（6）5月25日，上月委托异地一化妆品生产企业加工的化妆品已全部加工完毕且验收入库，拟直接对外销售。已知为委托加工该批产品发出的主要原材料成本为 20 万元。本月支付给对方的加工费为 4 万元、增值税税额为 0.52 万元、消费税为 12 万元，并取得一张增值税专用发票（已通过认证）。

要求：根据上述资料，计算该公司本月的进项税额、销项税额和应交增值税，并完成每一步骤会计分录的填制，以及增值税纳税申报表的填写。

任务五　增值税出口退税

【知识准备】

出口货物退（免）税是指在国际贸易中，国家对报关出口的货物予以退还或免征在国内各生产环节和流转环节按照税法规定已缴纳的增值税和消费税，即对出口货物的增值税实行零税率，对出口货物的消费税免税。它是国际贸易中通常被采用并被世界各国普通接受的，目的在于鼓励各国出口货物公平竞争的一种税收措施。在遵循"征多少、退多少"和"未征不退和彻底退税"基本原则的基础上，制定了不同的税务处理办法。

一、出口货物退（免）税的方式

（一）免、退税

免、退税是指免征出口环节增值税，同时按购进金额计算退还进项税，主要适用于收购货物出口的外贸企业。

（增值税出口退税）

（二）免、抵、退税

出口免、抵、退税的"免"税是指对生产企业出口的自产货物，免征本环节增值税；"抵"税是指生产企业出口的自产货物，应予免征或退还的所耗用原材料、零部件等已纳税款抵顶内销货物的应纳税额；"退"税是指生产企业出口的自产货物，在当月应抵顶的进项税额大于应纳税额时，经主管出口退税业务的税务机关批准，对未抵顶完的税额部分予以退税。

（三）免税

对于列明试点企业从享受增值税返还政策的农资生产企业等收购产品出口的，不能享受抵、退税政策，只享受免税政策。

二、出口货物退（免）税的计算

（一）免、抵、退税的计算

出口企业兼营内销货物和出口货物不能单独设账核算的，应先对内销货物计算销项税额，并扣除当期进项税额，然后再计算出口货物的应退税额。其计算公式如下：

（1）销项金额×税率 ≥ 未抵扣完的进项税额

应退税额=未抵扣完的进项税额

（2）销项金额×税率 < 未抵扣完的进项税额

应退税额=销项金额×税率

结转下期抵扣进项税额=当期未抵扣完的进项税额-当期应退税额

公式中的销项金额是指按出口货物离岸价和外汇牌价计算的人民币金额；公式中的税率是指出口货物的实际退税额与退税计税依据的比例。

（二）"先征后退"的计算方法

出口企业将出口货物单独设立库存账和销售账记载的，应根据购进出口货物增值税专用发票所列明的购进金额和退税税率计算。这种方法叫"先征后退"，其计算公式为：

应退税额=外贸收购不含增值税购进金额×退税税率

【思考与练习】

某工艺进出口公司 2020 年 7 月出口美国瓷器 20 000 件，进货增值税专用发票列明单价为 150 元/件，计税金额为 300 万元，退税率为 13%，请计算应退税额是多少？

（三）外贸企业收购小规模纳税人出口货物增值税的退税规定

（1）凡从小规模纳税人处购进持普通发票特准退税出口货物的，按以下公式计算：

应退税额=普通发票所列含税销售额÷（1+征税率）×退税率

（2）凡从小规模纳税人处购进税务机关代开的增值税专用发票的出口货物的，按以下公式计算：

应退税额=增值税专用发票注明的金额×退税率

三、出口货物退税的核算

月末，根据免抵退税汇总申报表中计算出的"应退税额"做如下会计处理。

借：其他应收款——应收出口退税款
　　贷：应交税费——应交增值税（出口退税）

收到出口退税款时，做如下会计处理。

借：银行存款
　　贷：应收出口退税款

【思考与练习】

某工艺进出口公司 2020 年 2 月从一小规模纳税人处购进瓷器 10 000 件全部出口，取得税务机关代开的增值税专用发票。发票注明金额为 150 万元，适用退税率为 13%，请计算该公司 2 月的应退税额。

【牛刀小试】

某自营出口的生产企业为增值税一般纳税人，出口货物的征税率为 13%，退税税率为 9%。2020 年 4 月有关经营业务：购进原材料一批，取得增值税专用发票注明的价款为 400 万元，外购货物准予抵扣的进项税额为 52 万元。本月销售货物取得不含税销售额为 100 万元，收款 113 万元已存入银行。本月出口货物的销售额折合人民币为 200 万元。

试计算该企业当期的"免、抵、退"税额。

【专项训练】

一、单项选择题

1. 生产下列货物应按 9%征收增值税的有（　　）。
   A. 农机 B. 汽车 C. 家用电器 D. 办公用品
2. 下列各项中属于视同销售行为应当计算销项税额的有（　　）。
   A. 将购买的货物用于非应税项目　　B. 将购买的货物委托外单位加工
   C. 将购买的货物分配给股东　　D. 将购买的货物用于集体福利
3. 我国出口货物增值税的退（免）税政策不包括（　　）。
   A. 出口免税并退税　　B. 即征即退
   C. 出口免税但不退税　　D. 出口不免税也不予退税
4. 目前我国小规模纳税人普遍适用的征收率是（　　）。
   A. 4% B. 6% C. 3% D. 9%
5. 不属于现行增值税划分纳税人标准的是（　　）。
   A. 年应税销售额 500 万元　　B. 年应税销售额 80 万元
   C. 会计核算健全　　D. 能够准确提供税务资料
6. 提供现代服务业服务（有形动产租赁服务除外），税率为（　　）。
   A. 13% B. 9% C. 6% D. 3%
7. 以下关于增值税"销售额"的描述，正确的是（　　）。
   A. 销售额是指含增值税税额的销售额
   B. 销售额是指不含增值税税额的销售额
   C. 一般纳税人开具的增值税专用发票的金额是不含税销售额
   D. 小规模纳税人开具的发票的金额是不含税销售额
8. 我国现行增值税的征税范围不包括（　　）。
   A. 在中国境内销售货物　　B. 在中国境内提供应税劳务
   C. 进口货物　　D. 过境货物
9. 增值税应税销售额中的价外费用不包括（　　）。
   A. 价外向购买方收取的手续费
   B. 价外向购买方收取的违约金、滞纳金
   C. 价外向购买方收取的延期付款利息、赔偿金
   D. 价外向购买方收取的包装物押金
10. 认定为一般纳税人的销售额标准是（　　）。
    A. 500 万元 B. 80 万元 C. 50 万元 D. 300 万元
11. 按照现行规定，下列各项中必须被认定为小规模纳税人的是（　　）。
    A. 年不含税销售额 260 万元的信息咨询公司
    B. 年不含税销售额 300 万元的建材批发公司
    C. 年不含税销售额 100 万元的汽车修理厂
    D. 年不含税销售额 150 万元，会计核算制度不健全的超市
12. 根据《增值税暂行条例》及其实施细则的规定，采取预收货款方式销售货物，增值税纳税义务的发生时间是（　　）。
    A. 销售方收到第一笔货款的当天　　B. 销售方收到剩余货款的当天

C. 销售方发出货物的当天　　　D. 购买方收到货物的当天

二、多项选择题

1. 以下属于增值税征税范围的有（　　　　）。
   A. 销售货物　　B. 销售不动产　　C. 提供电信服务　　D. 提供建筑服务
2. 下列关于增值税一般计税方法的表述中，正确的有（　　　　）。
   A. 进项税额可以抵减销项税额
   B. 计算销项税额的计税依据为不含税销售额
   C. 计算销项税额的计税依据为含税销售额
   D. 进项税额不允许抵扣
3. 下列行为中，属于视同销售货物应征增值税的行为有（　　　　）。
   A. 委托他人代销货物　　　　　　B. 销售代销货物
   C. 将自产的货物分给职工做福利　D. 将外购的货物用于非应税项目
4. 下列业务中，一般纳税人适用9%的增值税税率的有（　　　　）。
   A. 交通运输　　B. 基础电信　　C. 生活服务　　D. 转让土地使用权
5. 根据增值税相关规定，下列项目中应视同销售货物征收增值税的是（　　　　）。
   A. 某商店为服装厂代销服装
   B. 某企业工会将外购的防暑日用品发放给职工
   C. 某生产企业将自产的洗衣粉发放给职工做福利
   D. 某企业将委托加工收回的化妆品赠送给客户
6. 一般纳税人和小规模纳税人最大的区别有（　　　　）。
   A. 一般纳税人进项税额可以抵扣，小规模纳税人不能抵扣
   B. 一般纳税人可以开具增值税专用发票，小规模纳税人一般开具增值税普通发票
   C. 小规模纳税人进项税额可以抵扣，一般纳税人不能抵扣
   D. 小规模纳税人可以开具增值税专用发票，一般纳税人一般开具增值税普通发票
7. 下列项目中，应计算缴纳增值税的有（　　　　）。
   A. 将购入的方便面发给职工做福利　B. 将自产的方便面发给职工做福利
   C. 将购入的方便面用于股东分红　　D. 将购入的方便面捐赠给灾区
8. 依据增值税的有关规定，境外单位或个人在境内发生增值税应税劳务而在境内未设立经营机构的，增值税的扣缴义务人有（　　　　）。
   A. 代理人　　B. 银行　　C. 购买者　　D. 境外单位

三、案例分析题

1. 某企业为增值税一般纳税人，2020年2月发生如下业务：

（1）购进原材料一批，取得增值税专用发票上注明的税款为13 000元，另支付运输费用1 000元，取得的增值税专用发票上注明运费800元，建设基金100元，保险费、装卸费100元。

（2）从农业生产者手中收购农产品一批，收购发票注明的金额为20 000元。

（3）外购机器设备一批，支付增值税进项税额90万元。因管理不善，造成购进的该批机器设备一部分损坏无法维修使用，经核实造成1/4损失。

计算该企业2月可以抵扣的进项税额（取得的专用发票和收购发票均已认证）。

2. 某商店为增值税小规模纳税人，2020年5月购进货物取得增值税普通发票，支付金额50 000元，支付水电费500元，本月销售货物共取得收入65 000元，请计算该商店3月份应缴

纳的增值税税额。

3. 某进出口企业为增值税一般纳税人，2020年3月进口一批食品，该批货物的完税价格为100万元，关税为60万元，消费税为30万元，适用的增值税税率为13%。请计算该批货物进口环节应缴纳的增值税。

4. 某机床厂为增值税一般纳税人，2020年2月采用分期收款结算方式销售给乙厂机床一批，价款为100 000元，货已发出，合同规定本月到期货款40 000元，但实际只收回货款20 000元。

请问：该机床厂2月份增值税的销售额应如何确定？

5. 某生产企业为增值税一般纳税人，以1个月为纳税期限，2020年3月发生以下业务：

（1）3日，采用赊销方式销售货物一批，价款20万元，合同约定4月10日收款。

（2）5日，采用直接收款方式销售货物一批，开出增值税专用发票注明价款10万元。

（3）7日，收到上月赊销已开具发票货款5万元。

（4）10日，采用预收货款方式销售货物，货物已发出，货款15万元已到账。

要求：确定该企业的纳税期限、每笔纳税业务发生的时间。

6. 某工艺进出口公司2020年12月出口美国瓷器20 000件，进货增值税专用发票列明单价为150元/件，计税金额为300万元，退税率为13%，请计算应退税额是多少？

7. 某客运公司为一般纳税人，购买矿泉水一批，取得增值税专用发票注明价款2万元，增值税税额为0.26万元，其中70%赠送给运送的旅客，30%用于公司集体福利。请计算该笔业务的销项税额及进项税额。

8. 某食品厂2020年10月从农业生产者手中购进免税农产品，收购凭证上注明是50 000元；支付运费，取得的增值税专用发票上注明运费为2 000元。请计算该笔业务的进项税额。

9. 甲企业为增值税一般纳税人，2020年3月销售给乙商场一批电视机，不含税销售额为70万元，采用委托收款方式结算，货物已经发出，托收手续已经办妥，但尚未给乙商场开具增值税专用发票。另支付销货运费4万元并取得增值税专用发票。请计算该笔业务的销项税额和进项税额。

项目三

消费税实务

【项目引领】

我们通常感觉消费税离我们的生活比较遥远，其实消费税就在我们身边。消费税税源主要集中在卷烟、成品油、乘用车和酒四类消费品，这也是我们日常生活中比较大的消费支出。曾流传着这样一句话："一包烟，80%是税。"我们试想：抽一包65元的中华牌香烟，给国家贡献了多少税金？其中又以哪种税最多？

诺贝尔经济学奖获得者保罗·萨缪尔森曾指出："消费税是对烟酒及其他对健康有害的物品征税。"这种旨在改善环境、保障健康，同时又能增加财政收入的税种为世界各国所欢迎，目前已有一百二十多个国家或地区开征消费税。消费税与增值税同为流转税，凡征收消费税的物品，肯定征收增值税。然而，一个是价外税，一个是价内税，会计核算各不相同，征税环节也不一样，但其计税依据相同，这在众多税种中是独一无二的，你知道其中的原因吗？

任务一 消费税纳税人和征税范围的确定

【知识准备】

消费税是对在我国境内从事生产、委托加工和进口应税消费品的单位和个人就其应税消费品的销售额或销售量征收的一种税。

消费税也属于流转税的一部分。2019年，消费税收入增幅为18.2%，2018年增幅为4%，增速上涨明显。消费税在2017、2018两年分别占税收收入的7.08%和6.80%，但在2019年，这一占比达到8.00%。消费税作为流转税里第二重要的税种，其承重作用越来越明显。

一、消费税的纳税义务人

在中华人民共和国境内生产、委托加工和进口规定的消费品的单位和个人，以及由国务院确定的、销售规定的消费品的其他单位和个人，为消费税的纳税人。

其中，"单位"是指企业、行政单位、事业单位、军事单位、社会团体及其他单位；"个人"是指个体工商户及其他个人。

"在中华人民共和国境内"是指生产、委托加工和进口属于应当缴纳消费税的消费品的起运地或者所在地在境内。

> **金银首饰、烟草、超豪华小轿车纳税人的确定**
>
> 自1995年1月1日起，金银首饰消费税改在零售环节征收，在我国境内从事金银首饰零售业务的单位和个人为金银首饰消费税的纳税人。
>
> 委托加工、委托销售金银首饰的，受托方也是纳税人。
>
> 自2009年5月1日起对卷烟在批发环节加征一道从价消费税，从事卷烟批发的单位和个人也是消费税纳税人。
>
> 2016年12月1日起，在生产（进口）环节征收消费税的基础上，超豪华小轿车（不含税零售价格在130万元及以上）在零售环节加征一道10%的消费税。

【思考与练习】

专门从事金银首饰生产的纳税人，是否属于消费税的纳税义务人？烟草的生产厂家、专门从事批发业务的烟草公司、烟草零售商都是消费税的纳税义务人吗？

二、消费税征税范围的确定

（一）征税范围的确定原则

（1）对人类健康、社会秩序、生态环境等方面造成危害的特殊消费品，如烟、酒、鞭炮、焰火等。

（2）奢侈品、非生活必需品，如贵重首饰、化妆品等。

（3）高能耗及高档消费品，如小汽车、摩托车等。

（4）不可再生和替代的资源类消费品，如汽油、柴油等。

> 哪些产品属于消费税的课税对象？电动汽车征收消费税吗？

（二）征税范围的具体规定

消费税征税项目表如表3-1所示。

表 3-1　消费税征税项目表

项　目	具　体　规　定
烟	凡是以烟叶为原料加工生产的产品，不论使用何种辅料，均属于本税目的征收范围。本税目下设甲类卷烟、乙类卷烟、雪茄烟、烟丝四个子目
酒	酒是酒精度在1度以上的各种酒类饮料。本税目下设白酒、黄酒、甲类啤酒、乙类啤酒、其他酒五个子目
高档化妆品	包括高档美容、修饰类化妆品，高档护肤类化妆品和成套化妆品。美容、修饰类化妆品是指香水、香水精、香粉、口红、指甲油、胭脂、眉笔、唇笔、蓝眼油、眼睫毛等。舞台、戏剧、影视演员化妆用的上妆油、卸妆油、油彩不属于本税目
贵重首饰及珠宝玉石	包括各种金银首饰及镶嵌首饰和经采掘、打磨、加工的各种珠宝玉石
鞭炮、焰火	本税目包括各种鞭炮、焰火。体育上用的发令纸，鞭炮药引线，不按本税目征收
成品油	本税目包括汽油、柴油、石脑油、溶剂油、航空煤油、润滑油和燃料油七个子目。 （1）汽油，是指轻质石油产品的一大类。其征收范围包括车用汽油、航空汽油、起动汽油。工业汽油（溶剂汽油）不属于本税目征收范围。

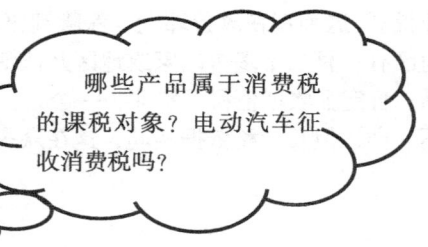

续表

项 目	具 体 规 定
成品油	（2）柴油，是指轻质石油产品的一大类。其征收范围包括轻柴油、重柴油、农用柴油、军用柴油。 （3）石脑油又叫轻汽油、化工汽油，是指以石油加工生产的或二次加工汽油经加氢精制而得的用于化工原料的轻质油。 （4）溶剂油，是指以石油加工生产的用于涂料和油漆生产、食用油加工、印刷油墨、皮革、农药、橡胶、化妆品生产的轻质油。 （5）航空煤油也叫喷气燃料，是指以石油加工生产的用于喷气发动机和喷气推进系统中作为能源的石油燃料。 （6）润滑油，是指用于内燃机、机械加工过程的润滑产品。 （7）燃料油也称重油、渣油。燃料油征收范围包括用于电厂发电、船舶锅炉燃料、加热炉燃料、冶金和其他工业炉燃料的各类燃料油
摩托车	本税目包括轻便摩托车和摩托车。最大设计车速不超过 50 千米/小时，发动机气缸总工作容积不超过 50 毫升的三轮摩托车不征税，气缸容量 250 毫升（不含）以下的小排量摩托车不征税
小汽车	小汽车，是指由动力装置驱动，具有四个和四个以上车轮的非轨道承载的车辆。本税目征收范围包括： （1）乘用车，是指含驾驶员座位在内不超过 9 座，用于载送人员和货物的各类汽车。 （2）中轻型商用客车，是指含驾驶员座位在内的座位数在 10~23 座，用于载送人员和货物的各类汽车。 （3）超豪华小汽车，每辆零售价格 130 万元（不含增值税）及以上的乘用车和中轻型商用客车
高尔夫球及球具	高尔夫球及球具，是指从事高尔夫球运动所需的各种专用装备，包括高尔夫球、高尔夫球杆及高尔夫球包（袋）等
高档手表	高档手表，是指销售价格（不含增值税）每只在 10 000 元（含）以上的各类手表
游艇	游艇，是指长度大于 8 米、小于 90 米，船体由玻璃钢、钢、铝合金、塑料等多种材料制作，可以在水上移动的水上浮载体。按照动力划分，游艇分为无动力艇、帆艇和机动艇
木制一次性筷子	木制一次性筷子又称卫生筷子，是指以木材为原料经过锯段、浸泡、旋切、刨切、烘干、筛选、打磨、倒角、包装等环节加工而成的各类一次性使用的筷子
实木地板	实木地板，是指以木材为原料，经锯割、干燥、刨光、截断、开榫、涂漆等工序加工而成的块状或条状的地面装饰材料
电池	范围包括：原电池、蓄电池、燃料电池、太阳能电池和其他电池。对无汞原电池、金属氢化物镍蓄电池、锂原电池、锂离子蓄电池、太阳能电池、燃料电池和全钒液流电池免征消费税
涂料	涂料，是指涂于物体表面能形成具有保护、装饰或特殊性能的固态涂膜的一类液体或固体材料的总称。施工状态下挥发性有机物（Volatile Organic Compounds，VOC）含量低于 420 克/升（含）的涂料免征

三、消费税税率

消费税采用比例税率和定额税率两种形式，大部分应税消费品适用比例税率，啤酒、黄酒和成品油采用定额税率，卷烟和白酒采用比例税率和定额税率双重征收方式。消费税税目税率（税额）表如表 3-2 所示。

表 3-2 消费税税目税率（税额）表

税 目	税 率
一、烟	
1. 卷烟	
（1）甲类卷烟（生产或进口环节）	56%加 0.003 元/支
（2）乙类卷烟（生产或进口环节）	36%加 0.003 元/支

续表

税　目	税　率
（3）批发环节	11%加 0.005 元/支
2. 雪茄烟	36%
3. 烟丝	30%
二、酒及酒精	
1. 白酒	20%加 0.5 元/500 克（或者 500 毫升）
2. 黄酒	240 元/吨
3. 啤酒	
（1）甲类啤酒	250 元/吨
（2）乙类啤酒	220 元/吨
4. 其他酒	10%
三、高档化妆品	15%
四、贵重首饰及珠宝玉石	
1. 金银首饰、铂金首饰和钻石及钻石饰品	5%
2. 其他贵重首饰和珠宝玉石	10%
五、鞭炮、焰火	15%
六、成品油	
1. 汽油	1.52 元/升
2. 柴油	1.20 元/升
3. 航空煤油	1.20 元/升
4. 石脑油	1.52 元/升
5. 溶剂油	1.52 元/升
6. 润滑油	1.52 元/升
7. 燃料油	1.20 元/升
七、摩托车	
1. 气缸容量（排气量）250 毫升	3%
2. 气缸容量在 250 毫升以上的	10%
八、小汽车	
1. 乘用车	
（1）气缸容量（排气量，下同）在 1.0 升（含 1.0 升）以下的	1%
（2）气缸容量在 1.0 升以上至 1.5 升（含 1.5 升）的	3%
（3）气缸容量在 1.5 升以上至 2.0 升（含 2.0 升）的	5%
（4）气缸容量在 2.0 升以上至 2.5 升（含 2.5 升）的	9%
（5）气缸容量在 2.5 升以上至 3.0 升（含 3.0 升）的	12%
（6）气缸容量在 3.0 升以上至 4.0 升（含 4.0 升）的	25%
（7）气缸容量在 4.0 升以上的	40%
2. 中轻型商用客车	5%
3. 超豪华小汽车（零售环节）	10%

续表

税 目	税 率
九、高尔夫球及球具	10%
十、高档手表	20%
十一、游艇	10%
十二、木制一次性筷子	5%
十三、实木地板	5%
十四、电池	4%
十五、涂料	4%

纳税人兼营不同税率的应税消费品，应当分别核算不同税率应税消费品的销售额、销售数量。未分别核算销售额、销售数量，或者将不同税率的应税消费品组成成套消费品销售的，从高适用税率。

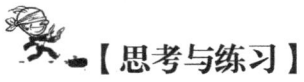

【思考与练习】

滨海市酒厂既生产税率为20%的白酒，又生产税率为10%的其他酒，还生产了白酒与其他酒套装的产品，即成套消费品。该厂应如何核算销售额？其适用税率是多少？

四、消费税的纳税期限

按照《中华人民共和国消费税暂行条例》规定，消费税的纳税期限分别为1日、3日、5日、10日、15日、1个月或1个季度。纳税人的具体纳税期限，由主管税务机关根据纳税人应纳税额的大小分别核定；不能按照固定期限纳税的，可以按次纳税。

纳税人以1个月或1个季度为一期纳税的，自期满之日起15日内申报纳税；以1日、3日、5日、10日或15日为一期纳税的，自期满之日起5日内预缴税款，于次月1日起至15日内申报纳税并结清上月应纳税额。

纳税人进口应税消费品，应当自海关填发海关进口消费税专用缴款书之日起15日内缴纳税款。

【社会调查与思考】

随着家用小汽车的普及，我们都成为加油站的常客。请调查一下我们每次加油的价格是多少元一升？消费者负担的消费税、增值税各是多少？

消费税知识拓展

根据《税务年鉴》的数据，2017年国内消费税的主要收入来自卷烟、成品油和汽车三大类，三类（卷烟的制造和批发合并后）合计占消费税总收入的96%，酒类消费税占2.62%，而其他11项仅占1.15%。单从数量来看，烟、油、车、酒之外的11项消费税，对财政收入的贡献可以忽略不计。

【专项训练】

一、单项选择题

1. 消费税是我国税制中的主要税种之一，下列表述正确的是（　　）。
   A. 征收范围具有全面性
   B. 征收环节具有多重性
   C. 税负不具转嫁性
   D. 税率具有差别性
2. 消费税主要采取在（　　）环节计征。
   A. 流通　　　　　B. 消费　　　　　C. 生产或进口　　　　　D. 出口
3. 下列消费品中，不应征收消费税的是（　　）。
   A. 酒精　　　　　B. 煤气　　　　　C. 高档手表　　　　　D. 鞭炮
4. 下列单位中，属于消费税纳税人的是（　　）。
   A. 进口金银首饰的单位
   B. 从事白酒批发的单位
   C. 委托加工烟丝的单位
   D. 受托加工烟丝的单位
5. 下列各项中，应同时征收增值税和消费税的是（　　）。
   A. 批发的白酒　　　　　　　　B. 零售的金银首饰
   C. 生产环节销售的家电　　　　D. 进口的金银首饰

二、判断题

1. 消费税是对特定的某些高档消费品的流转额征收的一种税。（　　）
2. 有利于增进环保、引导消费和节约资源的产品属于消费税的征收范围。（　　）
3. 委托加工应税消费品的，以受托加工的单位和个人为纳税人，由委托方代收代缴消费税。（　　）
4. 电动汽车不征收消费税。（　　）
5. 高尔夫球及球具的征收范围包括高尔夫球、高尔夫球杆、高尔夫球包（袋）和高尔夫球车。（　　）

任务二　消费税税额计算

【知识准备】

甲企业委托乙企业加工 500 套高档化妆品（消费税税率 15%），发出原材料的实际成本共 100 000 元，每套的加工费为 50 元，代垫辅料 30 元。乙企业无同类消费品的销售价格。

一、生产销售环节应纳消费税的计算

纳税人在生产销售环节应缴纳的消费税，包括直接对外销售应税消费品应缴纳的消费税和自产自用应税消费品应缴纳的消费税。

（一）直接对外销售应纳消费税的计算

1. 从价定率的计算

从价定率，是指以应税消费品的价格为计税依据，并按一定百分比税率计税的方法。基本计算公式为：

$$应纳税额=应税消费品的销售额×消费税税率$$

> **应税消费品销售额的范围**
>
> 对外销售的应税消费品，其销售额为向对方收取的全部价款和价外费用，但不包括收取的增值税。价外费用包括价外收取的基金、集资费、返还利润、补贴、违约金（延期付款利息）和手续费、包装费、储备费、优质费、运输装卸费、代收款项、代垫款项及其他各种性质的价外收费，但是不包括承运部门发票开具给购货方并转交给购货方入账的代垫运杂费。

随同应税消费品出售的单独计价和不单独计价的包装物，不论在会计上如何核算，均应计入应税销售额中征收消费税。包装物押金不包括在应税销售额之内，但是押金期限超过一年或者逾期后没收的押金要计入应税销售额。

2. 从量定额的计算

在从量定额计算方法下，应纳税额等于应税消费品的销售数量乘以单位税额，基本计算公式为：

$$应纳税额=应税消费品的销售数量×单位税额$$

我国仅对黄酒、啤酒、汽油、柴油等实行从量定额的办法征收消费税。

应纳消费税数量具体为：

① 销售应税消费品的，为应税消费品的销售数量。
② 自产自用应税消费品的，为应税消费品的移送使用数量。
③ 委托加工应税消费品的，为纳税人收回的应税消费品数量。
④ 进口的应税消费品，为海关核定的应税消费品进口征税数量。

应税消费品计量单位换算标准如表 3-3 所示。

表 3-3　应税消费品计量单位换算标准

应税消费品	计量单位换算标准	应税消费品	计量单位换算标准
啤酒	1 吨=988 升	黄酒	1 吨=962 升
汽油	1 吨=1 388 升	柴油	1 吨=1 176 升

续表

应税消费品	计量单位换算标准	应税消费品	计量单位换算标准
石脑油	1 吨=1 385 升	溶剂油	1 吨=1 282 升
润滑油	1 吨=1 126 升	燃料油	1 吨=1 015 升
航空煤油	1 吨=1 246 升		

【例 3-1】 某炼油厂 2020 年 6 月销售无铅汽油 400 吨，柴油 200 吨，溶剂油 50 吨，计算该炼油厂应纳的消费税税额。

【解析】根据消费税税率表，汽油为 1.52 元/升，柴油为 1.2 元/升，溶剂油为 1.52 元/升

应纳税额=400×1 388×1.52+200×1 176×1.2+50×1 282×1.52=1 223 576（元）

3. 从量定额和从价定率复合计算

目前只有卷烟、白酒实行从量定额和从价定率相结合来计算应纳税额的复合计税办法。其应纳税额计算公式为：

应纳税额=销售数量×定额税率+销售额×比例税率

凡是在中国境内生产、委托加工、进口卷烟和粮食白酒、薯类白酒的单位和个人，都应当依照规定缴纳从量定额消费税和从价定率消费税。具体的计税依据规定如表 3-4 所示。

（从量定额与从价定率复合计税方法）

表 3-4 进口卷烟和粮食白酒、薯类白酒计税依据

经营类型	从量定额计税的依据	从价定率计税的依据
生产销售卷烟	卷烟的实际销售数量	卷烟的调拨价格或核定价格
进口、委托加工、自产自用卷烟	海关核定的进口征税数量、委托加工收回数量、移送使用数量	组成计税价格或者销售价格
生产销售粮食白酒、薯类白酒	海关核定的进口征税数量、委托方收回数量、移送使用数量	销售价格
进口、委托加工、自产自用粮食白酒、薯类白酒	海关核定的进口征税数量、委托方收回数量、移送使用数量	组成计税价格或者销售价格

【例 3-2】 2020 年 7 月，某酒厂对外销售白酒 800 吨，每吨不含增值税的销售价格为 400 元。计算该批白酒应纳的消费税税额。

【解析】根据消费税税率表，白酒适用税率为 20%加 0.5 元/500 克（或者 500 毫升）

应纳消费税=800×1 000×2×0.5+800×400×20%=864 000（元）

【例 3-3】 某卷烟厂为增值税一般纳税人，2020 年 8 月销售自产的甲类卷烟 400 箱，每箱的出厂价格为 45 000 元（不含税），每标准箱的定额税率为 150 元，计算该卷烟厂应纳的消费税。

【解析】根据消费税税率表，甲类卷烟适用税率为 56%加 0.003 元/支

应纳消费税=400×45 000×56%+400×150=10 140 000（元）

卷烟价格小知识

卷烟的调拨价格是指卷烟生产企业通过卷烟交易市场与购货方签订的卷烟交易价格；核定价格是指不进入交易中心和交易会交易、没有调拨价格的卷烟，应由税务机关按其零售价测算一定比例的办法核定计税价格。核定价格的计算公式为：

某牌号规格卷烟核定价格=该牌号规格卷烟市场零售价格÷(1+35%)

实际销售价格高于计税价格和核定价格的卷烟，按实际销售价格征收消费税；实际销售价格低于计税价格和核定价格的卷烟，按计税价格或核定价格征收消费税。

非标准条卷烟，是指每条包装多于或少于200支的条包装卷烟。非标准条包装卷烟应当折算成标准条包装卷烟的数量，依其实际销售收入计算确定其折算成标准条包装后的实际销售价格，并确定适用的比例税率。折算的实际销售价格高于计税价格的，应当按照折算的实际销售价格确定适用比例税率；折算的实际销售价格低于计税价格的，应当按照同牌号规格标准条包装卷烟的计税价格和适用税率征税。

（二）自产自用应纳消费税的计算

所谓自产自用，是指纳税人生产应税消费品后，不是用于直接对外销售，而是用于自己连续生产应税消费品或用于其他方面。

（1）用于连续生产应税消费品。纳税人自产自用的应税消费品，用于连续生产应税消费品的，不纳税。

（2）用于其他方面的应税消费品。纳税人自产自用的应税消费品，除用于连续生产应税消费品外，凡用于其他方面的，于移送使用时纳税。

其他用途的范围

用于其他方面，是指纳税人用于生产非应税消费品、在建工程、管理部门、非生产机构、提供劳务，以及用于馈赠、赞助、集资、广告、样品、职工福利、奖励等方面。

（3）组成计税价格及税额的计算。

① 纳税人自产自用的应税消费品，凡用于其他方面应当纳税的，按照纳税人生产的同类消费品的销售价格计算纳税。

同类消费品的销售价格，是指纳税人当月销售的同类消费品的销售价格。如果当月同类消费品各期销售价格高低不同，则应按销售数量加权平均计算。但销售的应税消费品有下列情况之一的，不得列入加权平均计算：

a. 销售价格明显偏低又无正当理由的；

b. 无销售价格的。

如果当月无销售或当月未完结的，则应按照同类消费品当月或最近月份的销售价格计算纳税。

② 没有同类消费品销售价格的，按照组成计税价格计算纳税。

实行从价定率方法计算纳税的组成计税价格计算公式为：

组成计税价格=（成本+利润）÷（1-比例税率）

应纳税额=组成计税价格×比例税率

实行复合计税方法计算纳税的组成计税价格计算公式为：

组成计税价格=（成本+利润+自产自用数量×定额税率）÷（1-比例税率）

应纳税额=组成计税价格×比例税率+自产自用数量×定额税率

成本及利润的确定

上述公式中的"成本"是指应税消费品的产品生产成本。"利润"是指根据应税消费品的全国平均成本利润率计算的利润。应税消费品全国平均成本利润率由国家税务总局确定。

（4）应税消费品全国平均成本利润率如表3-5所示。

表3-5　应税消费品全国平均成本利润率

货物名称	利润率（%）	货物名称	利润率（%）
1. 甲类卷烟	10	11. 摩托车	6
2. 乙类卷烟	5	12. 高尔夫球及球具	10
3. 雪茄烟	5	13. 小客车	5
4. 烟丝	5	14. 越野车	6
5. 粮食白酒	10	15. 游艇	10
6. 薯类白酒	5	16. 木制一次性筷子	5
7. 其他酒	5	17. 实木地板	5
8. 化妆品	5	18. 乘用车	8
9. 鞭炮、焰火	5	19. 中轻型商务用车	5
10. 贵重首饰及珠宝、玉石	6		

【例 3-4】某企业将专门生产的成套化妆品作为福利发给职工，查知无同类产品销售价格，其生产成本为 20 000 元（不含税成本）。国家税务总局核定的该产品的成本利润率为 5%，成套化妆品适用税率为 15%。计算应纳消费税税额。

【解析】

组成计税价格＝（20 000+20 000×5%）÷（1-15%）=24 705.88（元）

应纳消费税税额=24 705.88×15%=3 705.88（元）

二、委托加工环节应税消费品应纳消费税的计算

（一）委托加工应税消费品的确定

委托加工的应税消费品，是指由委托方提供原料和主要材料，受托方只收取加工费和代垫部分辅助材料加工的应税消费品。

> **委托加工应税消费品的确认**
> 对于由受托方提供原材料生产的应税消费品，或者受托方先将原材料卖给委托方，然后再接受加工的应税消费品，以及由受托方以委托方名义购进原材料生产的应税消费品，不论纳税人在财务上是否做销售处理，都不得作为委托加工应税消费品，而应当按照销售自制应税消费品缴纳消费税。

（二）代收代缴税款的规定

委托加工的应税消费品，除受托方为个人外，由受托方在向委托方交货时代收代缴税款。委托加工的应税消费品，委托方收回后直接出售的，不再缴纳消费税；委托方用于连续生产应税消费品的，所纳税款准予按规定抵扣。

委托个人加工的应税消费品，由委托方收回后缴纳消费税。

（三）组成计税价格及应纳税额的计算

委托加工的应税消费品，按照受托方的同类消费品的销售价格计算纳税。同类消费品的销售价格是指受托方（代收代缴义务人）当月销售的同类消费品的销售价格；如果当月同类消费

品当期销售价格高低不同,则应按销售数量加权平均计算。但销售的应税消费品有下列情况之一的,不得列入加权平均计算。

① 销售价格明显偏低又无正当理由的;
② 无销售价格的。

如果当月无销售或当月未完结,则应按照同类消费品上月或最近月份的销售价格计算纳税。

没有同类消费品销售价格的,则按照组成计税价格计算纳税。

实行从价定率办法计算纳税的组成计税价格计算公式为:

组成计税价格=(材料成本+加工费)÷(1-消费税比例税率)

实行复合计税办法计算纳税的组成计税价格计算公式为:

组成计税价格=(材料成本+加工费+委托加工数量×定额税率)÷(1-消费税比例税率)

> **材料成本的概念**
> 公式中的"材料成本"是指委托方所提供加工材料的实际成本,不包括增值税税额。"加工费"是指受托方加工应税消费品向委托方收取的全部费用(包括代垫部分辅助材料的实际成本,不包括增值税税额)。

【例 3-5】 甲企业委托乙企业加工一批应税消费品,甲企业为乙企业提供原材料等,实际成本为 8 000 元,支付乙企业加工费为 1 000 元(不含税加工费)。已知消费税税率为 10%,同时对于该应税消费品,受托方无同类消费品的销售价格。计算应纳消费税税额。

【解析】
组成计税价格=(8 000+1 000)÷(1-10%)=10 000(元)
应纳消费税税额=10 000×10%=1 000(元)

【例 3-6】 某烟花厂受托加工一批礼庆专用烟花产品,委托方提供原材料成本为 30 000 元,约定加工费为 10 000 元,代垫辅助材料费为 5 000 元,市场上无同类产品销售价格。计算该厂应代收代缴消费税多少元?(以上款项均不含增值税)

【解析】 应代收代缴消费税=(30 000+10 000+5 000)÷(1-15%)×15%=7 941.18(元)

三、进口环节应税消费品应纳消费税的计算

【例 3-7】 某公司进口一批小轿车 300 辆。关税完税价格为每辆 15 万元,关税税率为 25%,小轿车消费税率为 9%。这批进口小轿车的应纳消费税税额是多少?

> 如何计算本批次小轿车的应纳消费税税额?

进口应税消费品于报关进口时缴纳消费税,此消费税由海关代征,由进口人或其代理人向报关地海关申报纳税。纳税人进口应税消费品,应当自海关填报海关进口消费税专业缴款书之日起 15 日内缴纳税款。

纳税人进口应税消费品,按照组成计税价格和规定的税率计算应纳税额。

实行从价定率办法计算纳税的组成计税价格计算公式为：
组成计税价格=（关税完税价格+关税）÷（1-消费税比例税率）
实行复合计税办法计算纳税的组成计税价格计算公式为：
组成计税价格=（关税完税价格+关税+进口数量×消费税定额税率）÷（1-消费税比例税率）
【例3-7】中，进口小轿车的应纳消费税税额计算如下：
组成计税价格=（15+15×25%）÷（1-9%）=20.60（万元）
应纳税额=20.60×300×9%=556.32（万元）

【牛刀小试】

2020年3月，某学校会计专业毕业生赵菲到ABC股份有限责任公司实习。该公司主要生产经营酒类、卷烟和化妆品，3月发生如下经济业务：

（1）3月1日，销售化妆品100套，已知增值税专用发票上注明的价款为30 000元，税额为3 900元，款已收到。

（2）3月4日，将自己生产的啤酒20吨销售给家乐超市，货款已收到；另外将10吨让客户及顾客免费品尝。该啤酒（乙类啤酒）出厂价为2 800元/吨，成本为2 000元/吨。

（3）3月10日，销售粮食散装白酒20吨，单价为7 000元，价款为140 000元。

（4）3月20日，用自产粮食白酒10吨抵偿华盛超市货款70 000元，不足或多余部分不再结算。该粮食白酒每吨本月售价在5 500～6 500元浮动，平均售价为6 000元。

（5）3月25日，将一批自产的化妆品作为福利发给职工个人，这批化妆品的成本为10 000元。该类化妆品不存在同类消费品销售价格。

（6）3月1日，将外购的烟叶100 000元发给嘉华加工公司，委托其加工成烟丝。嘉华加工公司代垫辅助材料4 000元（款已付），本月应支付加工费36 000元（不含税）、增值税4 680元；3月5日ABC股份有限责任公司以银行存款付清全部款项和代缴的消费税；6日收回已加工的烟丝并全部生产卷烟10箱；25日该批卷烟全部用于销售，总售价为300 000元，款已收到。

（7）3月26日，向陈氏超市销售用上月外购烟丝生产的卷烟20个标准箱，每条标准调拨价格为80元，共计400 000元（购入烟丝支付含增值税价款为90 400元），采取托收承付结算方式，货已发出并办妥托收手续。

（8）3月28日，从国外购进成套化妆品，关税完税价格为80 000美元，关税税率为50%。假定当日美元对人民币的汇率为1：7.08，货款全部以银行存款付清。

请问：赵菲如何计算该公司3月应纳消费税税额，消费税的计算与增值税的计算有哪些不同？

【操作步骤】

第一步：判断经济业务类型。

属于直接对外销售应税消费品业务的有（1）、（2）部分、（3）、（4）和（7）。

属于自产自用应税消费品业务的有（2）部分、（5）。

属于委托加工应税消费品业务的有（6）。

属于进口应税消费品业务的有（8）。

第二步：分别确定计税依据并逐项计算应纳消费税税额。

业务（1）的计税销售额=30 000元；应纳消费税税额=30 000×15%=4 500（元）

业务（2）的对外销售的计税销售量=20吨；应纳消费税税额=20×220=4 400（元）
免费品尝的计税销售量=10吨；应纳消费税税额=10×220=2 200（元）

业务（3）的计税销售额=140 000元；计税销售量=20×2 000=40 000（斤）=20 000（千克）

应纳消费税税额=140 000×20%+40 000×0.5=48 000（元）

业务（4）的计税销售额=10×6 000=60 000（元）；计税销售量=10×2 000=20 000（斤）=10 000（千克）

应纳消费税税额=60 000×20%+20 000×0.5=22 000（元）

业务（5）的组成计税价格=10 000×（1+5%）÷（1-15%）=12 352.94（元）

应纳消费税税额=12 352.94×15%=1 852.94（元）

业务（6）的烟丝组成计税价格=（100 000+4 000+36 000）÷（1-30%）=200 000（元）

嘉华加工公司代收代缴烟丝的消费税税额=200 000×30%=60 000（元）

每条卷烟价格=300 000÷（10×250）=120（元），按56%税率计税

卷烟应纳消费税税额=300 000×56%+10×150-60 000=109 500（元）

业务（7）的外购烟丝已纳的消费税税额（可抵扣）=90 400÷（1+13%）×30%=24 000（元）

出售卷烟计税销售额=400 000（元）；计税销售量=20（箱）

应纳消费税税额=（400 000×56%+20×150）-24 000=203 000（元）

业务（8）的进口化妆品组成计税价格=80 000×7.08×（1+50%）÷（1-15%）=999 529.41（元）

海关代征的化妆品消费税=999 529.41×15%=149 929.41（元）

海关代征的化妆品增值税=999 529.41×13%=129 938.82（元）

第三步：汇总计算本月应纳消费税总额。

ABC股份有限责任公司8月份应申报缴纳的消费税税额为：

4 500+4 400+2 200+48 000+22 000+1 852.94+109 500+203 000=395 452.94（元）

海关代征的消费税税额=149 929.41（元）

嘉华加工公司代收代缴的消费税税额=60 000（元）

外购烟丝已纳的消费税税额=24 000（元）

【专项训练】

一、单项选择题

1. 下列应税消费品中，不适用定额税率的是（　　）。
   A. 白酒　　　　　B. 啤酒　　　　　C. 黄酒　　　　　D. 其他酒

2. 应税消费品的全国平均成本利润率由（　　）确定。
   A. 国家税务总局　　　　　　　　B. 国务院
   C. 财政部　　　　　　　　　　　D. 省、自治区、直辖市税务局

3. 委托加工的特点是（　　）。
   A. 委托方提供原料或主要材料，受托方代垫辅助材料并收取加工费
   B. 委托方支付加工费，受托方提供原料或主要材料
   C. 委托方支付加工费，受托方以委托方的名义购买原料或主要材料
   D. 委托方支付加工费，受托方购买原料或主要材料再卖给委托方进行加工

4. 根据消费税暂行条例规定，纳税人自产的用于下列用途的应税消费品，不需要缴纳消费税的是（　　）。
   A. 用于对外赞助　　　　　　　　B. 用于职工福利
   C. 用于广告　　　　　　　　　　D. 用于连续生产应税消费品

5. 根据税法规定，下列说法错误的是（　　）。
   A. 凡是征收消费税的消费品都征收增值税
   B. 凡是征收增值税的货物都征收消费税
   C. 应税消费品征收增值税时，其税基包含消费税
   D. 应税消费品征收消费税时，其税基不含增值税

二、判断题
1. 啤酒、黄酒和白酒仅适用从量定额征税。（　　）
2. 委托加工应税消费品的，为纳税人发出的应税消费品数量。（　　）
3. 随同应税消费品出售的单独计价和不单独计价的包装物，不论在会计上如何核算，均应计入应税销售额中征收消费税。（　　）
4. 委托加工应税消费品的加工费，包括代垫辅助材料的实际成本但不包括增值税税额。（　　）
5. 消费税采用从价定率的最高税率为56%，最低税率为3%。（　　）

任务三　消费税会计核算

【知识准备】

某公司本月主营业务收入中，需要缴纳消费税的产品销售收入为800 000元，消费税税率为10%。

核算这笔经济业务需引入哪几个账户？又该如何算？

一、会计科目的设置

为了正确反映和核算消费税有关纳税事项，纳税人应在"应交税费"科目下设置"应交消费税"二级科目。本科目的借方反映企业实际缴纳的消费税和待抵扣的消费税；贷方反映按规定应缴纳的消费税；期末余额在贷方，反映尚未缴纳的消费税。期末借方余额，反映多缴或待抵扣的消费税。

（消费税会计核算）

由于消费税属于价内税，即销售额中含有应负担的消费税税额，应将消费税作为费用、成本的内容加以核算，因此，还应设置与之相应的会计科目，如"税金及附加""其他业务成本""长期股权投资""在建工程""营业外支出""应付职工薪酬"等科目。

二、会计核算实务

（一）一般销售的核算

消费税是一种价内税，纳税人销售应税消费品的售价中包含了消费税。因此，纳税人缴纳

的消费税应计入"税金及附加"科目，从销售收入中得到补偿。纳税人生产需要缴纳消费税的消费品，在销售时应当按照应交消费税做如下处理。

借：税金及附加
　　贷：应交税费——应交消费税

实际缴纳消费税时：
借：应交税费——应交消费税
　　贷：银行存款

发生销货退回及退税时做相反的会计分录。

（二）视同销售的核算

1. 用于在建工程、职工福利或者直接转为固定资产

纳税人将自产的应税消费品用于在建工程、直接转为固定资产或用于职工福利的，应于货物移送使用时，按同类消费品的平均销售价格计算应纳消费税和应纳增值税。

借：在建工程、固定资产、应付职工薪酬等
　　贷：应交税费——应交消费税
　　　　应交税费——应交增值税（进项税额）
　　　　库存商品

2. 用于捐赠、赞助、广告

纳税人将自产的应税消费品用于捐赠、赞助和广告的，应于货物移送使用时，按同类消费品平均销售价格或组成计税价格计算应纳消费税和应纳增值税。

借：营业外支出、销售费用
　　贷：应交税费——应交消费税
　　　　应交税费——应交增值税（销项税额）
　　　　库存商品

3. 应税消费品换取生产资料、消费资料

纳税人以生产的应税消费品换取生产资料和消费资料属于非货币性资产交换，应按非货币性资产交换的办法进行处理，按换入资产可抵扣的增值税进项税额，借记"应交税费——应交增值税（进项税额）科目；按换出应税消费品应支付的相关税费，贷记"应交税费——应交增值税（销项税额）"和"应交税费——应交消费税"科目。会计分录如下。

借：原材料、库存商品等
　　应交税费——应交增值税（进项税额）
　　贷：应交税费——应交消费税
　　　　应交税费——应交增值税（销项税额）
　　　　库存商品

特殊用途应税消费品价格的确定

纳税人用于换取生产资料和消费资料、投资入股和抵偿债务等方面的应税消费品，应当以纳税人同类应税消费品的最高销售价格作为计税依据计算消费税；而增值税仍以同类产品的平均销售价格作为计税依据。

---

4. 应税消费品用于投资入股

纳税人以生产的应税消费品换入长期股权投资的（长期债权投资的处理相同），按对外投资处理办法借记有关投资科目，按投资移送应税消费品的售价或组成计税价格，贷记"主营业

务收入"科目；按应交的增值税额，贷记"应交税费——应交增值税（销项税额）"；按应交的消费税税额，贷记"应交税费——应交消费税"科目；按移送的货物成本，借记"主营业务成本"科目，贷记"库存商品"科目。

借：长期股权投资（长期债权投资）
　　贷：主营业务收入
　　　　应交税费——应交消费税
　　　　应交税费——应交增值税（销项税额）
借：主营业务成本
　　贷：库存商品

5. 应税消费品用于抵偿债务

纳税人以生产的应税消费品清偿债务，按应付账款的账面余额，借记"应付账款"科目；按用于清偿债务的应税消费品的公允价值，贷记"主营业务收入"科目；按应交增值税销项税额，贷记"应交税费——应交增值税（销项税额）"科目；按其差额，贷记"营业外收入"等账户或借记"营业外支出"等科目；按应交消费税税额，贷记"应交税费——应交消费税"科目，借记"税金及附加"科目；同时按照该用于抵债的应税消费品的账面余额，借记"主营业务成本"，贷记"库存商品"科目。

借：应付账款
　　营业外支出
　　贷：主营业务收入
　　　　应交税费——应交增值税（销项税额）
　　　　营业外收入
借：税金及附加
　　贷：应交税费——应交消费税
借：主营业务成本
　　贷：库存商品

（三）包装物押金的核算

1. 随同商品出售但单独计价的包装物

随同商品出售但单独计价的包装物，其收入贷记"其他业务收入"科目；按规定应交消费税，借记"税金及附加"科目，贷记"应交税费——应交消费税"科目，同时结转包装物的成本。

借：银行存款
　　贷：其他业务收入
借：税金及附加
　　贷：应交税费——应交消费税

2. 出租、出借包装物逾期的押金

纳税人出租、出借包装物逾期未退还的包装物押金，应从"其他应付款"科目转入"其他业务收入"，并按照应交的消费税税额，借记"税金及附加"科目，贷记"应交税费——应交消费税"科目。

借：其他应付款
　　贷：其他业务收入
借：税金及附加
　　贷：应交税费——应交消费税

（四）委托加工应税消费品的核算

委托加工的应税消费品，由受托方所在地主管税务机关代收代缴消费税税额；委托个人加工的应税消费品，由委托方向其机构所在地或者居住地主管税务机关申报纳税。

1. 委托方的账务处理

（1）委托加工的应税消费品，收回后直接销售的，不再征收消费税。委托方应将受托方代收代缴的消费税计入委托加工的应税消费品成本，借记"委托加工物资"等科目，贷记"银行存款"和"应付账款"科目。

　　借：委托加工物资
　　　　贷：银行存款（应付账款）

（2）委托加工的应税消费品收回后用于连续生产应税消费品按规定准予抵扣的，委托方应按代收代缴的消费税税额，借记"应交税费——应交消费税"科目，贷记"银行存款"和"应付账款"科目。待加工成最终应税消费品销售时，按最终应税消费品应交消费税的税额，借记"税金及附加"科目，贷记"应交税费——应交消费税"科目。

　　借：应交税费——应交消费税
　　　　贷：银行存款（应付账款）
　　借：税金及附加
　　　　贷：应交税费——应交消费税

2. 受托方的账务处理

受托方按应收的消费税税额，借记"银行存款"和"应收账款"科目，贷记"应交税费——应交消费税"科目。

　　借：银行存款（应收账款）
　　　　贷：应交税费——应交消费税

（五）进口应税消费品的核算

进口应税消费品时，由海关代征的进口消费税，应计入应税消费品的成本中，根据海关完税凭证上注明的消费税税额，借记"固定资产""物资采购""库存商品""应交税费——应交增值税（进项税额）"等科目，贷记"银行存款"和"应付账款"科目。

　　借：固定资产［物资采购、库存商品、应交税费——应交增值税（进项税额）］
　　　　贷：银行存款（应付账款）

【牛刀小试】

接上述项目三任务二中的牛刀小试的实例，编制ABC股份有限责任公司3月的会计分录，进行会计处理。

【操作步骤】

第一步：逐笔分析经济业务内容。

属于一般销售应税消费品业务的有（1）、（2）部分、（3）和（7）。

属于视同销售应税消费品业务的有（2）部分、（4）和（5）。

属于委托加工应税消费品业务的有（6）。

属于进口应税消费品业务的有（8）。

第二步：根据经济业务逐项编制会计分录。

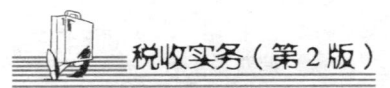

(1) 销售化妆品,计提消费税。

借:银行存款　　　　　　　　　　　　　　　　33 900
　　贷:主营业务收入　　　　　　　　　　　　　　30 000
　　　　应交税费——应交增值税(销项税额)　　　3 900

计提消费税:

借:税金及附加　　　　　　　　　　　　　　　 4 500
　　贷:应交税费——应交消费税　　　　　　　　　4 500

(2) 销售啤酒给超市。

借:银行存款　　　　　　　　　　　　　　　　63 280
　　贷:主营业务收入　　　　　　　　　　　　　　56 000
　　　　应交税费——应交增值税(销项税额)　　　7 280

计提消费税:

借:税金及附加　　　　　　　　　　　　　　　 4 400
　　贷:应交税费——应交消费税　　　　　　　　　4 400

啤酒给客户及顾客免费品尝:

借:销售费用　　　　　　　　　　　　　　　　25 840
　　贷:库存商品　　　　　　　　　　　　　　　　20 000
　　　　应交税费——应交增值税(销项税额)　　　3 640
　　　　应交税费——应交消费税　　　　　　　　　2 200

(3) 销售粮食白酒。

借:银行存款　　　　　　　　　　　　　　　 158 200
　　贷:主营业务收入　　　　　　　　　　　　　 140 000
　　　　应交税费——应交增值税(销项税额)　　 18 200

计提消费税:

借:税金及附加　　　　　　　　　　　　　　　48 000
　　贷:应交税费——应交消费税　　　　　　　　 48 000

(4) 抵偿债务。

借:应付账款——华盛超市　　　　　　　　　　70 000
　　贷:主营业务收入　　　　　　　　　　　　　　60 000
　　　　应交税费——应交增值税(销项税额)　　　7 800
　　　　营业外收入——债务重组收益　　　　　　 2 200

计提消费税:

借:税金及附加　　　　　　　　　　　　　　　22 000
　　贷:应交税费——应交消费税　　　　　　　　 22 000

(5) 化妆品作为福利发给职工个人。

借:应付职工薪酬　　　　　　　　　　　　　　16 950
　　贷:主营业务收入　　　　　　　　　　　　　　15 000
　　　　应交税费——应交增值税(销项税额)　　　1 950

计提消费税:

借:税金及附加　　　　　　　　　　　　　　 1 852.94
　　贷:应交税费——应交消费税　　　　　　　　1 852.94

（6）发出委托加工材料。

借：委托加工物资　　　　　　　　　　　100 000
　　贷：原材料——烟叶　　　　　　　　　　　100 000

支付辅助材料费、加工费及增值税：

借：委托加工物资　　　　　　　　　　　40 000
　　应交税费——应交增值税（进项税额）　4 680
　　贷：银行存款　　　　　　　　　　　　　　44 680

支付消费税时：

借：应交税费——应交消费税　　　　　　60 000
　　贷：银行存款　　　　　　　　　　　　　　60 000

完工入库：

借：库存商品　　　　　　　　　　　　　140 000
　　贷：委托加工物资　　　　　　　　　　　　140 000

销售卷烟：

借：银行存款　　　　　　　　　　　　　339 000
　　贷：主营业务收入　　　　　　　　　　　　300 000
　　　　应交税费——应交增值税（销项税额）　39 000

计提消费税：

借：税金及附加　　　　　　　　　　　　109 500
　　贷：应交税费——应交消费税　　　　　　　109 500

（7）上月购入烟丝时。

借：原材料——烟丝　　　　　　　　　　80 000
　　应交税费——应交增值税（进项税额）　10 400
　　贷：银行存款　　　　　　　　　　　　　　90 400

借：应交税费——应交消费税　　　　　　24 000
　　贷：银行存款　　　　　　　　　　　　　　24 000

领用烟丝投入生产时：

借：生产成本　　　　　　　　　　　　　80 000
　　贷：原材料——烟丝　　　　　　　　　　　80 000

销售卷烟：

借：应收账款　　　　　　　　　　　　　452 000
　　贷：主营业务收入　　　　　　　　　　　　400 000
　　　　应交税费——应交增值税（销项税额）　52 000

计提消费税：

借：税金及附加　　　　　　　　　　　　227 000
　　贷：应交税费——应交消费税　　　　　　　227 000

（8）进口化妆品，支付货款时。

借：材料采购　　　　　　　　　　　　　566 400
　　贷：银行存款　　　　　　　　　　　　　　566 400

支付关税时：

借：材料采购　　　　　　　　　　　　　283 200
　　贷：银行存款　　　　　　　　　　　　　　283 200

支付增值税、消费税时：
借：材料采购　　　　　　　　　　　　　　　149 929.41
　　应交税费——应交增值税（进项税额）　　129 938.82
　　贷：银行存款　　　　　　　　　　　　　　279 868.23
（9）申报缴纳当月消费税。
借：应交税费——应交消费税　　　　　　　　395 452.94
　　贷：银行存款　　　　　　　　　　　　　　395 452.94

任务四　消费税纳税申报

【知识准备】

一、消费税纳税义务发生时间

纳税人生产的应税消费品于销售时纳税，进口消费品应当于应税消费品报关进口时纳税。金银首饰、钻石及钻石饰品在零售环节纳税。消费税纳税义务发生的时间，以货款结算方式或行为发生时间分别确定，详见表3-6。

表3-6　消费税纳税义务发生时间表

项　目	纳税义务的发生时间
纳税人销售的应税消费品	① 采取赊销和分期收款结算方式的，其纳税义务发生时间为销售合同规定的收款日期的当天； ② 采取预收货款结算方式的，其纳税义务发生时间为发出应税消费品的当天； ③ 采取托收承付和委托银行收款方式销售的应税消费品，其纳税义务发生时间为发出应税消费品并办妥托收手续的当天； ④ 采取其他结算方式的，其纳税义务发生时间为收讫销售款或取得销售款凭据的当天
纳税人自产自用的应税消费品	为移送使用的当天
纳税人委托加工的应税消费品	为纳税人提货的当天
纳税人进口的应税消费品	为报关进口的当天

二、消费税纳税地点

消费税纳税地点如表3-7所示。

表3-7　消费税纳税地点表

项　目	纳　税　地　点
纳税人销售的应税消费品，以及自产自用的应税消费品	除国家另有规定的外，应当向纳税人核算地主管税务机关申报纳税
委托个人加工的应税消费品	由委托方向其机构所在地或居住地主管税务机关申报纳税。除此之外，由受托方向所在地主管税务机关代收代缴消费税
进口的应税消费品	由进口人或其代理人向报关地海关申报纳税
纳税人到外县（市）销售或委托外县（市）代销自产应税消费品的	于应税消费品销售后，向其机构所在地或居住地主管税务机关申报纳税。纳税人的总机构与分支机构不在同一县（市）的，应当分别向各自机构所在地的主管税务机关申报纳税；经财政部、国家税务总局或其授权的财政、税务机关批准的，可以由总机构汇总向总机构所在地的主管税务机关申报纳税
纳税人销售的应税消费品，如因质量等原因由购买者退回的	经所在地主管税务机关审核批准后，可退还已征收的消费税税额，但不得自行直接抵减应纳税额

三、消费税纳税申报

国家税务总局规定，纳税人无论当期有无销售或是否盈利，均应在次月 1 日至 15 日内根据应税消费品分别填写烟类应税消费品消费税纳税申报表、酒及酒精消费税纳税申报表、成品油消费税纳税申报表、小汽车消费税纳税申报表、其他应税消费品消费税纳税申报表，向主管税务机关进行纳税申报。

【牛刀小试】

接上述项目三任务二、任务三牛刀小试中的实例，填报 ABC 股份有限责任公司 3 月消费税的纳税申报表，办理 2020 年 3 月消费税的缴纳工作。

【操作步骤】

第一步：分析经济业务内容，选择纳税申报表。

采用烟类应税消费品纳税申报表的业务有（6）、（7）。

采用酒及酒精类消费品纳税申报表的业务有（2）、（3）、（4）。

采用其他应税消费品纳税申报表的业务有（1）、（5）。

第二步：分别填制纳税申报表（见表3-8～表3-10）。

表 3-8 烟类应税消费品消费税纳税申报表

税款所属期：2020年3月1日 至 2020年3月31日

纳税人名称（公章）：　　　纳税人识别号：

填表日期：2020年4月14日　单位：卷烟万支、雪茄烟支、烟丝千克；金额单位：元（列至角分）

应税消费品名称	适用税率 定额税率	适用税率 比例税率	销售数量	销售额	应纳税额
甲类卷烟	30/万支	56%	150	700 000	396 500
乙类卷烟	30/万支	36%			
雪茄烟	—	36%			
烟丝	—	30%			
合计	—	—	—	—	

本期准予扣除税额：84 000	声明
本期减（免）税额：	此纳税申报表是根据国家税收法律的规定填报的，我确定它是真实的、可靠的、完整的。
期初未缴税额：	经办人（签章）： 财务负责人（签章）： 联系电话：
本期缴纳前期应纳税额：	（如果你已委托代理人申报，请填写） 授权声明
本期预缴税额：	
本期应补（退）税额：312 500	为代理一切税务事宜，现授权_____ _____（地址）_____为本纳税人的代理申报人，任何与本申报表有关的往来文件都可寄予此人。
期末未缴税额：	授权人签章：

以下由税务机关填写

受理人（签章）：　　　受理日期：　年　月　日　　　受理税务机关（章）：

表 3-9　酒及酒精消费税纳税申报表

税款所属期：2020 年 3 月 1 日 至 2020 年 3 月 31 日

纳税人名称（公章）：　　纳税人识别号：☐☐☐☐☐☐☐☐☐☐☐☐☐☐☐

填表日期：2020 年 4 月 14 日　　　　　　　　　　　　金额单位：元（列至角分）

消费品名称	适用税率 定额税率	适用税率 比例税率	销售数量	销售额	应纳税额
白酒	0.50 元/斤	20%	60 000	200 000	70 000
甲类啤酒	250 元/吨				
乙类啤酒	220 元/吨		30		6 600
黄酒	240 元/吨				
其他酒	—	10%			
酒精	—	5%			
合计					76 600

本期准予扣除税额：	**声明** 　　此纳税申报表是根据国家税收法律的规定填报的，我确定它是真实的、可靠的、完整的。 　　经办人（签章）： 　　财务负责人（签章）： 　　联系电话： 　　（如果你已委托代理人申报，请填写） 　　**授权声明** 　　为代理一切税务事宜，现授权_____ _____（地址）_____为本纳税人的代理申报人，任何与本申报表有关的往来文件都可寄此人。 　　授权人签章：
本期减（免）税额：	
期初未缴税额：	
本期缴纳前期应纳税额：	
本期预缴税额：	
本期应补（退）税额：76 600	
期末未缴税额：76 600	

以下由税务机关填写

受理人（签章）：　　　　　受理日期：　年　月　日　　　受理税务机关（章）：

表 3-10　其他应税消费品消费税纳税申报表

税款所属期：2020 年 3 月 1 日 至 2020 年 3 月 31 日

纳税人名称（公章）：　　纳税人识别号：☐☐☐☐☐☐☐☐☐☐☐☐☐☐☐

填表日期：2020 年 4 月 14 日　　　　　　　　　　　　金额单位：元（列至角分）

消费品名称	适用税率	销售数量	销售额	应纳税额
化妆品	30%		42 352.94	6 352.94
合计	—			

续表

本期准予抵减税额:	声明
本期减（免）税额:	此纳税申报表是根据国家税收法律的规定填报的，我确定它是真实的、可靠的、完整的。
期初未缴税额:	经办人（签章）： 财务负责人（签章）： 联系电话：
本期缴纳前期应纳税额:	（如果你已委托代理人申报，请填写）
本期预缴税额:	授权声明
本期应补（退）税额: 6 352.94	为代理一切税务事宜，现授权_____ _____（地址）_____为本纳税人的代理申报人，任何与本申报表有关的往来文件都可寄予此人。
期末未缴税额: 6 352.94	授权人签章：

以下由税务机关填写

受理人（签章）：　　　　　受理日期：　年　月　日　　　　受理税务机关（章）：

任务五　消费税出口退税

【知识准备】

一、出口应税消费品退（免）税政策的适用范围

出口应税消费品退（免）消费税在政策适用上可以分为三种情况。

（一）出口免税并退税

适用这个政策的是有出口经营权的外贸企业购进应税消费品直接出口，或外贸企业受其他外贸企业委托代理出口应税消费品。需要注意的是，外贸企业只有受其他外贸企业委托代理出口应税消费品才可办理退税，外贸企业受其他企业（主要是非生产性的商贸企业）委托代理出口应税消费品是不予退（免）税的。这个政策限定与前述出口货物退（免）增值税的政策规定是一致的。

（二）出口免税但不退税

适用这个政策的是有出口经营权的生产企业自营出口或生产企业委托外贸企业代理出口自产的应税消费品，依据其实际出口数量免征消费税，不予办理退还消费税。这里，免征消费税是指对生产企业按其实际出口数量免征生产环节的消费税；不予办理退还消费税，是指因已免征生产环节的消费税，该应税消费品出口时，已不含有消费税，所以也无须再办理退还消费税。这与前述出口货物退（免）增值税的规定不一致，原因是消费税仅在生产环节征收，生产环节免征的出口的应税消费品就不含消费税了；而增值税却在货物销售的各个环节征收，生产企业出口货物时，已缴纳的增值税就需退还。

71

（三）出口不免税也不退税

适用这个政策的是除生产企业、外贸企业外的其他企业，具体是指一般商贸企业，这类企业委托外贸企业代理出口应税消费品一律不予退（免）税。

二、出口应税消费品的退税率

计算出口应税消费品应退消费税的税率或单位税额，依据《中华人民共和国消费税暂行条例》所附消费税税目税率（税额）表执行。这是退（免）消费税与退（免）增值税的一个重要区别：当出口的货物是应税消费品时，其退还增值税要按规定的退税率计算，其退还消费税则按该应税消费品所适用的消费税税率计算。

> **不同消费税税率的出口应税消费品申报要求**
> 企业应将不同消费税税率的出口应税消费品分开核算和申报，凡适用税率划分不清的，一律从低适用税率计算应退消费税税额。

三、出口应税消费品退税额的计算

概括来讲，已出口的货物是可以退税的，原来对本批次货物消费税征了多少就退多少。

（一）从价征收计算退税额

从价定率计征消费税的应税消费品，应依照外贸企业从工厂购进货物时征收消费税的价格计算应退消费税税额，其计算公式为：

$$应退消费税税额=出口货物的工厂销售额×税率$$

公式中的"出口货物的工厂销售额"不包括增值税，对含增值税的购进金额应换算成不含增值税的金额。

（二）从量征收计算退税额

从量定额计征消费税的应税消费品，应按货物购进和报关出口的数量计算应退消费税税额，其计算公式为：

$$应退消费税税额=出口数量×单位税额$$

（三）复合征收计算退税额

复合计征消费税的应税消费品，应按货物购进和报关出口的数量及外贸企业从工厂购进货物时征收消费税的价格计算应退消费税税额，其计算公式为：

$$应退消费税税额=出口货物的工厂销售额×税率+出口数量×单位税额$$

四、出口应税消费品退税的会计处理

只有出口免税并退税的，才需要进行相应的会计处理。

生产企业直接出口自产应税消费品时，按规定予以直接免税，不计算应缴纳的消费税；免税后发生退货或退关的，也可以暂不办理补税，待其转为国内销售时，再申报缴纳消费税。

生产企业将应税消费品销售给外贸企业，由外贸企业自营出口的，按先征后退办法进行核算。即外贸企业从生产企业购入应税消费品时，先缴纳消费税，在产品报关出口后，再申请出口退税；退税后若发生退货或退关，应及时办理补税。

【例3-8】外贸企业从某化妆品厂购入化妆品一批，增值税专用发票注明价款为250万元，增值税为32.5万元，外贸公司将该批化妆品销往国外，离岸价为40万美元（当日外汇牌价为1∶7.03），并按规定申报办理消费税退税。消费税税率为15%，增值税退税率为11%。上述款项均已收付，会计处理如下。

【解析】
(1) 购入化妆品验收入库时。

借：库存商品　　　　　　　　　　　　　　　　2 500 000
　　应交税费——应交增值税（进项税额）　　　　325 000
　　贷：银行存款　　　　　　　　　　　　　　　　　2 825 000

(2) 化妆品报关出口时。

借：银行存款或应收账款　　　　　　　　　　　2 812 000
　　贷：主营业务收入　　　　　　　　　　　　　　　2 812 000

(3) 结转销售成本时。

借：主营业务成本　　　　　　　　　　　　　　2 500 000
　　贷：库存商品　　　　　　　　　　　　　　　　　2 500 000

(4) 不得抵扣或退税的进项税额，调整出口成本。

借：主营业务成本　　　　　　　　　　　　　　　50 000
　　贷：应交税费——应交增值税（进项税额转出）　　50 000

(5) 申请退税时。

应退增值税＝2 500 000×11%＝275 000（元）
应退消费税＝2 500 000×15%＝375 000（元）

借：其他应收款——应收出口退税款　　　　　　650 000
　　贷：应交税费——应交增值税（出口退税）　　　　275 000
　　　　主营业务成本　　　　　　　　　　　　　　　375 000

(6) 收到出口退税时。

借：银行存款　　　　　　　　　　　　　　　　650 000
　　贷：应收出口退税款　　　　　　　　　　　　　　650 000

【牛刀小试】

一、任务描述

(1) 根据双利集团公司提供的6月材料，编制有关会计分录并填制记账凭证。
(2) 根据上述资料计算双利集团公司2020年6月应纳增值税和消费税。
(3) 登记"应交税费——应交消费税"明细账、"应交税费——应交增值税"明细账。
(4) 填制各税目的消费税纳税申报表。

二、实训条件

税务实训室进行。双利集团公司经济业务资料：酒及酒精消费税纳税申报表、烟类应税消费品消费税纳税申报表、其他应税消费品消费税纳税申报表。

三、分组实施

1. 计划安排

(1) 将学生分组，全班学生按每5人分为一组。
(2) 每组学生构成要兼顾性别、地区、年龄、性格。

（3）各组学生自己讨论确定内容：纳税人和应税消费品的确定、应纳税额的计算、纳税申报。

2. 组织实施

（1）设计不同纳税人的业务，由学生根据业务找出自己使用的资料和相关表格。

（2）由各组学生按照顺序进行业务模拟操作。

3. 检查落实

（1）学生以小组为单位，提交工作成果。

（2）由相邻两组学生互相检查对方的成果。

（3）各组学生进行演示与汇报工作成果，并回答教师与其他学生的提问。

（4）采用自评、互评、教师评价的方式共同评价，给出小组及学生分值。

四、实训材料

1. 企业概况

企业名称：双利集团公司

企业性质：私营企业

企业地址：北京市滨海路35号

开户银行及账号：中国工商银行股份有限公司滨海路分理处 234565643218736

纳税人识别号：911101000000001118

2. 2020年6月业务资料

双利集团公司主要经营酒类、卷烟和化妆品。2020年6月发生如下经济业务（假定销售产品不结转成本）：

（1）6月4日，将自己生产的啤酒20吨销售给达利商店，按300元/吨收取押金，价款及押金均已收到；另外将10吨让客户及顾客免费品尝。该啤酒出厂价为2 800元/吨，成本为2 000元/吨。

（2）6月10日，带包装销售粮食白酒20吨，单价为7 050元，价款为141 000元，含包装物价款为25 000元；同时从购货方取得价外补贴24 000元。6月20日，用自产粮食白酒10吨抵偿永生农场大米款 70 000元，不足或多余部分不再结算。该粮食白酒每吨本月售价在5 500～6 500元浮动，平均售价为6 000元。

（3）6月12日，向大方超市销售用上月外购烟丝生产的甲类卷烟20个标准箱，每标准条调拨价格为60元，共计300 000元（购入烟丝支付含增值税价款为81 900元），采取托收承付结算方式，货已发出并办妥托收手续。

（4）6月16日，将一批自产的化妆品用作职工福利，这批化妆品的成本为10 000元。假设该类化妆品不存在同类消费品销售价格。

（5）6月24日，从国外购进成套化妆品，关税完税价格为60 000美元，关税税率为50%。假定当日美元对人民币的汇率为1:6.82，货款全部以银行存款付清。

（6）6月20日，提供一批生产化妆品的材料80 000元给万达化妆品生产公司，委托其加工一批化妆品，受托方已代垫辅助材料4 000元（款已付）。本月应支付的加工费为15 000元（不含税）。受托方同类消费品的销售价格为135 000元。6月27日，双利集团公司以银行存款付清全部款项。6月28日，收回已加工完成的化妆品，支付给运输单位的销货运输费用为8 000元，取得增值税普通发票。6月30日该化妆品全部用于销售，其售价为145 000元，款已收到。

【专项训练】

一、判断题

1. 对应税消费品征收消费税与征收增值税的征税环节是一样的，都是在应税消费品的批发、零售环节征收。（　　）
2. 应税消费品的销货方在销货时为购货方代垫的运费，凡符合税法规定条件的，可不作为消费税的计税依据，由销货方与购货方另行结算。（　　）
3. 纳税人将自产自用的应税消费品用作广告或样品，应于移送使用时按销售应税消费品计算缴纳消费税。（　　）
4. 对应税消费品征收消费税后，不再征收增值税。（　　）
5. 委托加工的应税消费品，受托方在交货时已代收代缴消费税，委托方收回后直接出售的，不再征收消费税。（　　）
6. 卷烟与酒类产品的计税办法实行从量定额与从价定率相结合的复合计税办法。（　　）
7. 用外购已缴纳的应税消费品连续生产应税消费品计算征收消费税时，按当期购入数量计算准予扣除的消费税税额。（　　）
8. 纳税人将自产的应税消费品用于连续生产应税消费品，无须缴纳消费税。（　　）
9. 对于接受投资、赠与、抵债等方式取得的已税消费品，其所含的消费税不能扣除。（　　）
10. 纳税人销售的应税消费品，如因质量等原因由购买者退回的，已缴纳的消费税税务机关不予退还，但可由纳税人自行抵减下期应纳税额。（　　）

二、单项选择题

1. 下列消费品中，实行从量征收的有（　　）。
    A. 黄酒　　　　　　B. 酒精　　　　　　C. 小汽车　　　　　　D. 高尔夫球
2. 委托加工应税消费品是指（　　）。
    A. 由受托方以委托方名义购进原材料生产的产品
    B. 由受托方提供原材料生产的产品
    C. 由受托方将原材料卖给委托方，然后再接受加工的产品
    D. 由委托方提供原材料和主要材料，受托方只收取加工费和代垫部分辅助材料加工的产品
3. 现行消费税的计税依据是指（　　）。
    A. 含消费税而不含增值税的销售额　　　　B. 含消费税且含增值税的销售额
    C. 不含消费税而含增值税的销售额　　　　D. 不含消费税也不含增值税的销售额
4. 纳税人用外购应税消费品连续生产应税消费品，在计算纳税时，其外购应税消费品的已纳消费税税额应按下列办法处理（　　）。
    A. 该已纳税额当期可以全部扣除
    B. 该已纳税额当期可扣除 50%
    C. 可对外购应税消费品当期领用部分的已纳税额予以扣除
    D. 已纳税额当期不得扣除
5. 自产自用应税消费品计算消费税时，若没有同类应税消费品销售价格的，则按组成计税价格计算，其组成计税价格为（　　）。
    A. （成本+利润）÷（1−消费税税率）
    B. （成本+利润）÷（1+消费税税率）

C．（成本+利润）÷（1-增值税税率或征收率）
D．（成本+利润）÷（1+增值税税率或征收率）

6．纳税人进口应税消费品，应当自海关填发税款缴款书的次日起（　　）日内缴纳税款。
　　A．5　　　　　　B．7　　　　　　C．10　　　　　　D．15

7．某酒厂某月生产税率为20%的粮食白酒，又生产税率为10%的其他酒，该厂未分别核算上述两种酒的销售额，在计算消费税应纳税额时，应使用的税率为（　　）。
　　A．20%　　　　　B．15%　　　　　C．不确定　　　　D．10%

8．某卷烟厂将一批特制的烟丝作为福利分给本厂职工，已知该批烟丝的生产成本为10 000元，其应纳消费税为（　　）元。
　　A．4 200　　　　B．3 000　　　　C．4 500　　　　D．4 285

9．委托加工应税消费品的组成计税价格为（　　）。
　　A．（材料成本+加工费）÷（1-消费税税率）
　　B．（材料成本+利润）÷（1-消费税税率）
　　C．（材料成本+加工费）÷（1+消费税税率）
　　D．（材料成本+利润）÷（1+消费税税率）

10．进口应税消费品的组成计税价格为（　　）。
　　A．（关税完税价格+关税）÷（1-消费税税率）
　　B．（关税完税价格+关税）÷（1+消费税税率）
　　C．（关税完税价格+关税）×消费税税率
　　D．（关税完税价格-关税）÷（1-消费税税率）

11．消费税纳税人发生下列行为时，其具体纳税地点正确的是（　　）。
　　A．纳税人到外县（市）销售应税消费品的，应向销售地税务机关申报缴纳消费税
　　B．纳税人直接销售应税消费品的，必须向纳税人核算地主管税务机关申报缴纳消费税
　　C．委托加工应税消费品的，一律由受托方向其所在地主管税务机关缴纳消费税
　　D．进口应税消费品，由进口人或者其代理人向报关地海关申报纳税

12．按照现行消费税制度规定，纳税人委托加工应税消费品，由受托方代收代缴税款。以下情况中，可以由委托方回原地纳税的是（　　）。
　　A．委托国有企业加工应税消费品　　　　B．委托私营企业加工应税消费品
　　C．委托外商投资企业加工应税消费品　　D．委托个人加工应税消费品

13．委托加工应税消费品委托方收回后直接用于销售的，支付代扣代缴消费税的会计分录为（　　）。
　　A．借：委托加工物资　　　　　　　　　B．借：税金及附加
　　　　　贷：银行存款　　　　　　　　　　　　　贷：银行存款
　　C．借：应交税费——应交消费税　　　　D．借：应交税费——代扣消费税
　　　　　贷：银行存款　　　　　　　　　　　　　贷：银行存款

14．某外贸公司2019年9月从生产企业购进化妆品一批，取得增值税专用发票注明价款为25万元，增值税为3.25万元，支付购进化妆品的运输费用3万元，当月该批化妆品全部出口取得销售收入35万元。该外贸公司出口化妆品应退的消费税为（　　）万元。
　　A．3.75　　　　　B．5.25　　　　　C．4.2　　　　　　D．10.5

三、多项选择题

1．下列消费品中，属于消费税征税范围的有（　　）。
　　A．贵重首饰　　　　　　　　　　　　　B．鞭炮

C. 木制一次性筷子 D. 摩托车
2. 纳税人自产自用的应税消费品，用于（　　）的，应缴纳消费税。
   A. 在建工程 B. 职工福利
   C. 管理部门 D. 连续生产应税消费品
3. 我国消费税的特点是（　　）。
   A. 征税项目具有普遍性 B. 征税环节具有单一性
   C. 征税方法具有多样性 D. 税收调节具有特殊性
4. 在从量定额计算消费税时，其计税依据包括（　　）。
   A. 销售应税消费品，为销售数量
   B. 委托加工应税消费品，为加工收回的应税消费品数量
   C. 自产自用的应税消费品，为移送使用数量
   D. 进口的应税消费品，为进口应税数量
5. 在下列情形中，对于（　　），在计税时准予扣除外购或委托加工应税消费品已纳的消费税税款。
   A. 用外购已税的烟丝生产的卷烟
   B. 用外购已税的化妆品生产的化妆品
   C. 以委托加工收回的已税实木地板为原料生产的实木地板
   D. 以委托加工收回的已税酒精为原料生产的白酒
6. 下列表述正确的有（　　）。
   A. 消费税是价内税
   B. 消费税是价外税
   C. 实行从价定率征收的消费税，是以含消费税而不含增值税的销售额为计税依据
   D. 实行从价定率征收的消费税，是以含消费税和增值税的销售额为计税依据
7. 消费税纳税环节包括（　　）。
   A. 批发环节 B. 进口环节
   C. 零售环节 D. 生产销售环节
8. 下列应税消费品中，采用复合计税方法计算消费税的有（　　）。
   A. 烟丝 B. 卷烟 C. 白酒 D. 酒精
9. 下列消费品中，采用从量定额计征消费税的有（　　）。
   A. 啤酒 B. 游艇 C. 成品油 D. 实木地板
10. 下列表述中，符合消费税纳税义务发生时间规定的有（　　）。
    A. 纳税人生产销售应税消费品，采取托收承付结算方式的，为发出应税消费品的当天
    B. 纳税人自产自用的应税消费品，为移送使用的当天
    C. 纳税人委托加工的应税消费品，为纳税人提货的当天
    D. 纳税人进口的应税消费品，为报关进口的次日
11. 木材加工厂将自产的一批实木地板用于在建工程的会计分录为（　　）。
    A. 借：在建工程
         贷：应交税费——应交增值税（销项税额）
    B. 借：在建工程
         贷：应交税费——应交消费税
    C. 借：税金及附加
         贷：应交税费——应交消费税

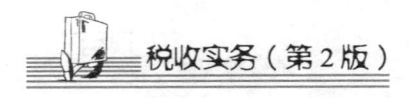

　　　　D. 借：在建工程
　　　　　　　贷：库存商品
　12. 某烟草商进口烟丝，报关时由海关征收的税种有（　　　　）。
　　　　A. 关税　　　　　B. 增值税　　　　　C. 烟叶税　　　　　D. 消费税

四、综合题

　1. 某化妆品公司为庆祝三八妇女节，特别生产精美套装化妆品，全公司600名职工每人发一套，此套化妆品没有供应市场，每套生产成本为100元，国家税务总局确定化妆品全国平均成本利润率为5%，成套化妆品消费税税率为15%。试计算该公司应纳消费税税额，并做账务处理。

　2. 某酒厂向当地举办的酒文化节无偿赠送500瓶薯类白酒，计250千克，每瓶酒的市场价格为68元（含增值税），成本价为40元。试计算该厂应纳消费税税额，并做账务处理。

　3. 某黄酒厂5月销售情况如下：

　（1）销售瓶装黄酒100吨，每吨5 000元（含增值税），随黄酒发出不单独计价包装箱1 000个，一个月内退回，每个收取押金100元，共收取押金100 000元。

　（2）销售散装黄酒40吨，取得含增值税的价款180 000元。

　（3）作为福利发给职工黄酒10吨，参加展示会赞助4吨，每吨黄酒成本为4 000元，销售价格为5 000元（不含增值税）。

　试计算该黄酒厂本月应纳消费税税额，并做账务处理。

　4. A卷烟厂2020年3月发生如下经济业务：

　（1）3月5日，购买一批烟叶，取得增值税专用发票注明的价款为10万元，增值税为1.3万元。

　（2）3月15日，将3月5日购进的烟叶发往B烟厂，委托B烟厂加工成烟丝，收到的专用发票上注明所支付的加工费为4万元，税款为5 200元。

　（3）A卷烟厂收回烟丝后领用一半用于卷烟生产，另一半直接出售，取得价款18万元，增值税23 400元。

　（4）3月25日，A卷烟厂销售卷烟100箱，每箱不含税售价为5 000元，款项存入银行。

　（5）B烟厂无同类烟丝销售价格。

　计算该厂当期应纳的消费税，并分别为A、B烟厂做账务处理。

项目四 关税实务

【项目引领】

2018年3月1日,美国总统特朗普宣布,美国将计划对进口钢铁关税及进口铝材关税进行加征,分别征收25%和10%的关税。美国商务部数据显示,2017年对美出口钢铁最多的六大经济体依次是加拿大、巴西、韩国、墨西哥、土耳其和日本。来自中国的钢铁占美进口钢铁总量的约3%。美国铝业协会数据显示,2017年,加拿大、俄罗斯、阿联酋、中国和巴林是美进口铝产品的前五大来源地。此项关税政策实施后,对以上国家的钢铝产品对美出口产生一定的负面冲击,同时美国的消费者不得不承担由于原材料价格上涨而引起的生活成本压力。

在国家贸易中,为了限制某种产品的进口或者出口,保护本国的某个行业或者打击别国的竞争性行业,加征关税已经成为贸易战中频频采用的武器。关税的变动,对于存在进出口业务的企业影响巨大。作为相关企业的会计工作者,则很有必要了解关税的基本知识,掌握必要的关税计算和核算能力。

任务一 关税税额计算

【知识准备】

关税是由海关根据国家制定的《中华人民共和国进出口关税条例》(以下简称《进出口关税条例》)和《中华人民共和国海关进出口税则》,对进出境的货物、物品征收的一种税。

关税一般分为进口税、出口税和过境税。

进口税是对从国境外或关境外进口的货物、物品征收,其主要目的是保护本国的自然环境或限制调控某些商品的出口;过境税是对过境货物所征收的关税。中国目前的关税分为进口税和出口税两类。

> **关境与国境的区别**
>
> 海关是国家的进出关境监督管理机关,关境又称税境或海关境域、关境境域等,是执行统一海关法令的领土。在通常情况下,关境和国境(包括领土、领空)一致,但也有不一致的情况,如有的国家在国境内设有免税的自由港、自由贸易区或出口加工区,这时关境的范围就小于国境;又如有些国家共同组成关税联盟,在成员国之间取消关税,它们的领土成为统一的关境,在此情况下,关境则大于国境。

一、征收对象及纳税义务人

1. 征税对象的确定

关税的征税对象是进出我国或关境的货物和物品。货物是指贸易性商品;物品包括入境旅客随身携带的行李和物品、各种运输工具上服务人员携带进口的自用物品、个人邮递物品、馈赠物品及以其他方式入境的个人物品。

2. 纳税人的确定

贸易性商品的纳税人是经营进出口货物的收、发货人。对有商品进出口自营权的企业,纳税人就是自营进出口业务的收、发货人;对虽然从事进出口业务,但没有自营进出口权利的企业,必须委托专门的报关人代理报关和申报纳税。

> 李静同学出国旅游,代购了几个LV包包,入境的时候需要缴纳关税吗?

物品的纳税人是物品的持有人、所有人或收件人。具体包括:入境旅客随身携带的行李和物品的持有人;各种运输工具上服务人员入境时携带的自用物品的持有人;进口个人邮件的收件人;馈赠物品及以其他方式入境的个人物品的所有人。

> **旅客携带物品进境的关税政策**
>
> 中国海关规定,旅客携带物品进境,满足下列两个条件之一可以免税:物品数量自用合理;物品价值不超过5 000元。假设要买名牌包包,一个包的话不用缴税,超过一个要补税,关税税率为20%。

二、关税税率

关税税率是整个关税制度的核心要素。目前我国的关税税率主要有以下几种。

1. 进口关税税率

进口关税设置最惠国税率、协定税率、特惠税率、普通税率、配额税率、暂定税率等。进口关税税率种类如表4-1所示。

表 4-1　进口关税税率种类

最惠国税率	适用原产于与我国共同适用最惠国待遇条款的世界贸易组织成员国或地区的进口货物；或原产于与我国签订有相互给予最惠国待遇条款的双边贸易协定的国家或地区的进口货物
协定税率	适用原产于我国参加的含有关税优惠条款的区域性贸易协定的有关缔约方的进口货物
特惠税率	适用原产于与我国签订有特殊优惠关税协定的国家或地区的进口货物
普通税率	适用原产于上述国家或地区以外的国家或地区的进口货物
配额税率	配额内关税是对一部分实行关税配额的货物，按照国家规定实行关税配额管理的进口货物，关税配额内的，适用关税配额税率；关税配额外的，其税率的适用按照前述的规定执行
暂定税率	是对某些税号中的部分货物在适用最惠国税率的前提下，通过法律程序暂时实施的进口税率，具有非全税目的特点，低于最惠国税率

进口关税税率的适用

适用最惠国税率的进口货物有暂定税率的，应当适用暂定税率；适用协定税率、特惠税率的进口货物有暂定税率的，应当从低适用税率；适用普通税率的进口货物，不适用暂定税率。

2. 出口关税税率

中国出口税为一栏税率，即出口税率。

我国现行税则对鳗鱼苗、部分有色金属矿砂及其精矿、生锑、磷、苯、氟钽酸钾、山羊板皮、部分铁合金、钢铁废碎料、铜和铝原料及其制品、镍锭、锌锭、锑锭等 100 多种商品征收出口关税。但对上述范围内的部分商品实行 0~20%的暂定税率，此外根据需要，对其他 200 多种商品征收暂定税率。

世界贸易组织（WTO）简介

1994 年 4 月 15 日，关贸总协定乌拉圭回合部长会议决定成立更具全球性的世界贸易组织，以取代成立于 1947 年的关贸总协定。世界贸易组织是当代最重要的国际经济组织之一，拥有 164 个成员国，成员国贸易总额达到全球的 98%，有"经济联合国"之称。

2001 年 12 月 11 日，我国正式加入世界贸易组织，成为其第 143 个成员。从 2002 年 1 月 1 日起开始履行入世关税减让义务，当年关税总水平为 15.3%，2019 年的关税总水平降至 7.5%。

【思考与练习】

1986 年前，我国进口小汽车整车的关税税率比较高，排量为 3 升以上的汽油引擎轿车税率高达 220%，3 升以下的也高达 180%。2001 年，中国正式加入 WTO 后，汽车关税税率逐步下降，2020 年进口汽车整车税率降至 15%。假如进口一辆价值约合 10 万美元的奔驰汽车（排量为 3 升），1986 年前和 2020 年相比较，关税负担减轻了多少？如果按照消费税税率为 25%、增值税税率为 13%计算，消费税和增值税会少缴多少？

三、关税计税依据和方法

1. 计税依据

关税的计税依据为完税价格。

进口货物以海关审定的成交价格为基础的到岸价格作为完税价格。成交价格是指一般贸易项下,进口或出口货物的买方为购买该项货物向卖方实际支付或应当支付的价格。到岸价格包括货价,以及货物运抵中国关境内输入地点起卸前的包装费、运费、保险费、佣金和其他劳务等费用。在进口货物的完税价格中还应包括为在境内制造、使用、出版或者发行目的而向外支付的该进口货物有关的专利、商标、著作,以及专有技术、计算机软件和资料等费用。

纳税义务人向海关申报的价格并不一定等于完税价格,只有经过海关审核并接受的申报价格才能作为完税价格。

出口货物的完税价格为海关审定的离岸价格,应以该项货物运离关境前的最后一个口岸的离岸价格为实际离岸价格。离岸价格以成交价格为基础审查确定,还应当包括货物运至境内输出地点装载之前的运输及相关费用、保险费。

2. 计税方法

关税的计税方法为进出口货物的完税价格乘以适用税率,计算公式为:

应纳税额=进出口货物完税价格×适用税率

> 边境走私人员经常利用渔船偷运汽油入境获利,汽油的关税税率只有1%,偷逃税款似乎并无多大利益。这种说法对吗?

【例4-1】大成电子进出口有限公司从国外进口电器一批,共10 000台,其单位完税价格为450元人民币,关税税率为20%,计算该批电器应纳关税税额。

【解析】

$$10\ 000×450×20\%=900\ 000（元）$$

进口货物海关代征税种

进口货物或物品,海关在入境时不仅征收关税,还要征收增值税和消费税。以汽油为例,适用关税税率1%,增值税税率13%,消费税税率1.52元/升。目前市场上92号汽油价格为每升5元多,走私汽油的主要收益在于偷逃增值税和消费税。

【例4-2】上海英大进出口公司从英国进口货物一批,关税完税价格为1 500万元,该货物适用的关税税率为20%,增值税税率为13%,消费税税率为10%。计算该公司应纳关税税额、消费税税额和增值税税额。

【解析】

$$应纳关税税额=1\ 500×20\%=300（万元）$$
$$应纳消费税税额=(1\ 500+300)÷(1-10\%)×10\%=200（万元）$$
$$应纳增值税税额=(1\ 500+300+200)×13\%=260（万元）$$

任务二　关税会计核算

（关税的计算和会计核算）

【知识准备】

一、会计科目的设置

有进出口货物的企业在核算关税时，应在"应交税费"科目下设"应交进口关税"和"应交出口关税"两个明细科目，分别对进出口关税进行账务处理。企业按规定计算应纳税额时，借记"税金及附加"或者"库存商品""原材料"科目，贷记"应交税费——应交进（出）口关税"科目；实际缴纳时，借记"应交税费——应交进（出）口关税"科目，贷记"银行存款"科目。

在实际工作中，由于企业经营进出口业务的形式和内容不同，具体会计核算方式会有所区别。

二、会计核算实务处理

（一）自营进出口关税的核算

自营进出口是指由有进出口自营权的企业办理对外洽谈和签订进出口合同，执行合同并办理运输、开证、付汇全过程，并自负进出口盈亏。

企业自营进出口商品计算应纳关税税额时，借记"在途物资"等科目，贷记"应交税费——应交进口关税"科目，进口时直接支付关税的，也可不通过"应交税费"科目核算；企业自营出口商品计算应纳关税税额时，借记"税金及附加"科目，贷记"应交税费——应交出口关税"科目。

【例4-3】美佳琪进出口有限公司从国外自营进口商品一批，到岸价格折合人民币为400 000元，进口关税税率为40%，代征增值税税率为13%，根据海关开出的专用缴款书，以银行转账支票付讫税款。做会计分录。

【解析】

计算应交关税和物资采购成本如下：

$$应交关税 = 400\ 000 \times 40\% = 160\ 000（元）$$
$$物资采购成本 = 400\ 000 + 160\ 000 = 560\ 000（元）$$
$$代征增值税 = 560\ 000 \times 13\% = 72\ 800（元）$$

做会计分录如下。

（1）计提关税时：

借：在途物资		560 000
贷：应交税费——应交进口关税		160 000
应付账款		400 000

（2）支付关税和增值税时：

借：应交税费——应交进口关税		160 000
——应交增值税（进项税额）		72 800
贷：银行存款		232 800

83

（3）商品验收入库时：

借：库存商品　　　　　　　　　　　　560 000
　　贷：在途物资　　　　　　　　　　　　560 000

【例4-4】 润丰公司直接对外出口产品一批，离岸价为2 000 000元，出口关税税率为15%，求应交出口关税税额并做会计分录。

【解析】 出口货物完税价格=离岸价/（1+出口关税税率）

应纳出口关税税额=2 000 000÷（1+15%）×15%=260 869.57（元）

做会计分录如下：

借：税金及附加　　　　　　　　　　　260 869.57
　　贷：应交税费——应交出口关税　　　　260 869.57

缴纳出口关税时：

借：应交税费——应交出口关税　　　　260 869.57
　　贷：银行存款　　　　　　　　　　　　260 869.57

（二）代理进出口关税的核算

代理进出口是外贸企业接受国内委托方的委托，办理对外洽谈和签订进出口合同，执行合同并办理运输、开证、付汇全过程的进出口业务。受托企业不负担进出口盈亏，只按规定收取一定比例的手续费，因此，受托企业进出口商品计算应纳关税时，借记"应收账款"等有关科目，贷记"应交税费——应交进（出）口关税"科目；代交进出口关税时，借记"应交税费——应交进（出）口关税"科目，贷记"银行存款"科目；收到委托单位的税款时，借记"银行存款"科目，贷记"应收账款"科目。

【例4-5】 大华进出口公司接受宏远公司的委托进口商品一批，进口货款为2 550 000元人民币，已汇入进出口公司存款账户。该进口商品我国口岸到岸价格为240 000美元，进口关税税率为20%，当日的外汇牌价为1美元兑换7.1元人民币，代理手续费按货价2%收取，现该批商品已运达，向委托单位办理结算。

【解析】

商品货价=240 000×7.1=1 704 000（元）

进口关税=1 704 000×20%=340 800（元）

代理手续费=1 704 000×2%=34 080（元）

做会计分录如下。

（1）收到委托单位划来进口货款时：

借：银行存款　　　　　　　　　　　　2 550 000
　　贷：应付账款——宏远公司　　　　　　2 550 000

（2）对外付汇进口商品时：

借：应收账款——外商　　　　　　　　1 704 000
　　贷：银行存款　　　　　　　　　　　　1 704 000

（3）支付进口关税时：

借：应付账款——宏远公司　　　　　　340 800
　　贷：应交税费——应交进口关税　　　　340 800

借：应交税费——应交进口关税　　　　340 800
　　贷：银行存款　　　　　　　　　　　　340 800

（4）将进口商品交付委托单位并收取手续费时：

借：应付账款——宏远公司　　　　　　　　　　　1 738 080
　　贷：其他业务收入（或主营业务收入）　　　　　　34 080
　　　　应收账款——外商　　　　　　　　　　　1 704 000
（5）将委托单位剩余的进口货款退回时：
借：应付账款——宏远公司　　　　　　　　　　　　471 120
　　贷：银行存款　　　　　　　　　　　　　　　　471 120

【例 4-6】某进出口公司代理乙企业出口商品一批，该商品的离岸价格折合人民币 300 000 元，出口关税税率为 20%，手续费为 12 800 元。

【解析】
（1）计算并缴纳关税：
　　　　　　应纳出口关税=300 000÷(1+20%)×20%=50 000（元）
借：应收账款——乙企业　　　　　　　　　　　　　50 000
　　贷：应交税费——应交出口关税　　　　　　　　50 000
借：应交税费——应交出口关税　　　　　　　　　　50 000
　　贷：银行存款　　　　　　　　　　　　　　　　50 000
（2）计算应收手续费时：
借：应收账款——乙企业　　　　　　　　　　　　　12 800
　　贷：其他业务收入（或主营业务收入）　　　　　12 800
（3）收到乙企业支付的税款及手续费时：
借：银行存款　　　　　　　　　　　　　　　　　　62 800
　　贷：应收账款——乙企业　　　　　　　　　　　62 800

任务三　关税征收管理

【知识准备】

一、进出口货物报关

（一）报关时间

进口货物的纳税人应当自运输工具申报进境之日起 14 日内，向货物的进境地海关申报，如实填写海关进口货物报关单，并提交进口货物的发票、装箱清单、进口货物提货单或运单、关税免税或免予查验的证明文件等。

出口货物的发货人除海关特准外，应当在装货的 24 小时以前，填报出口货物报关单，交验出口许可证和其他证件，申报出口，由海关放行，否则货物不得离境出口。

（二）报关应提交的相关材料

进出口货物时，应当提交以下材料：出口货物报关单；合同；发票；装箱清单（舱单）；提（运）单；代理报关授权委托协议；进出口许可证件；海关要求的加工贸易手册（纸质或电子数据的）及其他进出口有关单证。中华人民共和国海关出口货物报关单如表 4-2 所示。

表 4-2　中华人民共和国海关出口货物报关单

预录入编号：			海关编号：		
出口口岸		备案号	出口日期		申报日期
经营单位		运输方式	运输工具名称		提运单号
发货单位		贸易方式	征免性质		结汇方式
许可证号	运抵国（地区）		指运港		境内货源地
批准文号	成交方式	运费	保费		杂费
合同协议号	件数	包装种类	毛重（千克）		净重（千克）
集装箱号	随附单据				生产厂家
标记号码及备注					
项号　商品编号	商品名称、规格型号	数量及单位	最终目的地（地区）	单价　总价	币制　征免
税费征收情况					
录入员　　　　录入单位	兹声明以上申报无讹并承担法律责任		海关审单批注及放行日期（签章） 审单　　　审价		
报关员　　　　单位地址	申报单位（签章）		征税　　　统计		
邮编　　　电话　　填制日期			查验　　　放行		

中华人民共和国进口货物报关单如表 4-3 所示。

表 4-3　中华人民共和国海关进口货物报关单

预录入编号：			海关编号：		
进口口岸		备案号	进口日期		申报日期
经营单位		运输方式	运输工具名称		提运单号
收货单位		贸易方式	征免性质		征税比例
许可证号	起运国（地区）		装货港		境内目的地
批准文号	成交方式	运费	保费		杂费
合同协议号	件数	包装种类	毛重（千克）		净重（千克）
集装箱号	随附单据				用途
标记号码及备注					
项号　商品编号	商品名称、规格型号	数量及单位	原产国（地区）	单价　总价	币制　征免
税费征收情况					

续表

录入员 录入单位	兹声明以上申报无讹并承担法律责任	海关审单批注及放行日期（签章）
报关员 单位地址	申报单位（签章）	审单　　　　审价 征税　　　　统计
邮编　　电话	填制日期	查验　　　　放行

> **报关员小知识**
>
> 报关员是指通过全国报关员资格考试，依法取得报关从业资格，并在海关注册登记，代表所属企业（单位）向海关办理进出口货物报关纳税业务的人员。海关总署发布公告决定自2014年起，不再组织报关员资格全国统一考试。此后，报关从业人员由企业自主聘用，由报关协会自行管理，海关通过指导、督促报关企业加强内部管理，实现对报关从业人员的间接管理。

二、关税的缴纳

（一）缴纳地点

根据纳税人的申请及进出口货物的具体情况，关税可以在关境地缴纳，也可在主管地缴纳。关境地缴纳是指进出口货物在哪里通关，纳税人即在哪里缴纳关税，这是最常见的做法。主管地纳税是指纳税人住址所在地海关监管其通关并征收关税，它只适用于集装箱运载的货物。

（二）缴纳凭证

海关在接受进出口货物通关手续申报后，逐票计算应征关税并向纳税人或其代理人填发《海关进（出）口关税专用缴款书》（见表4-4），纳税人或其代理人持《海关进（出）口关税专用缴款书》在规定期限内向银行办理税款交付手续。

表4-4　海关进出口关税专用缴款书（收据联）

收入系统：　　　　　　　　　　　　　　　填发日期：　　　年　月　日

收款单位	收入机关			缴款单位（人）	名　　称		第一联：国库收款签章后交缴款单位或缴款人
	科　　目		预算级次		科　　目		
	收缴国库				开户银行		
税号	货物名称	数量	单位	完税价格（¥）	税率（%）	税款金额（¥）	
金额人民币（大写）					合计（¥）		
申请单位编号		报关单编号			填制单位	收缴国库（银行）	
合同（批文）号		运输工具号					
缴款日期	年　月　日	提/装货单号					
备注	一般征税： 国际代码：				制单人： 复核人：		

从填发缴款书之日起限15日内缴纳（期末遇法定节假日顺延），逾期按日征收税款总额万分之五的滞纳金。

进出口货物收货人或其代理人缴纳税款后,应将盖有"收讫"章的《海关进(出)口关税专用缴款书》第一联送签发海关验核,海关凭予办理有关手续。

(三)缴纳期限

纳税人应当自海关填发税款缴款书之日起 15 日内,向指定银行缴纳税款。如果关税缴纳期限的最后日是周末或法定节假日,则关税缴纳期限顺延至周末或法定节假日过后的第 1 个工作日。

关税纳税人因不可抗力或者在国家税收政策调整的情形下,不能按期缴纳税款的,经海关总署批准,可以延期缴纳税款,但最长不得超过 6 个月。

关税的减免

以下货物、物品可以享受法定减免税:关税税额在人民币 50 元以下的一票货物;无商业价值的广告品和货样;外国政府、国际组织无偿捐赠的物资;进出口运输工具装载的途中必需的染料、物料和饮食用品;在海关放行前损失或损坏的货物;法律规定减征、免征关税的其他货物、物品。

另外,还有对科教用品、残疾人专用品、慈善捐赠物资的特定减免税政策,以及暂时免税、临时减免税等优惠规定。

三、关税的强制执行

根据《海关法》规定,纳税人或其代理人应当在海关规定的缴款期限内缴纳税款,逾期未缴的即构成关税滞纳。为保证海关决定的有效执行和国家财政收入的及时入库,《海关法》赋予海关对滞纳关税的纳税人强制执行的权力。强制措施主要有以下两类。

1. 征收滞纳金

滞纳金自关税缴纳期限届满滞纳之日起,至纳税人缴纳关税之日止,以滞纳税款万分之五的比例按日征收,周末或法定节假日不予扣除。计算公式为:

$$关税滞纳金金额 = 滞纳关税税额 \times 0.5‰ \times 滞纳天数$$

2. 强制征收

纳税人自海关填发缴款书之日起 3 个月仍未缴纳税款的,经海关关长批准,海关可以采取强制措施扣缴。强制措施主要有强制扣缴和变价抵扣两种。

(1)强制扣缴。强制扣缴是指海关依法自行或向人民法院申请,采取从纳税人的开户银行或者其他金融机构的存款中将相当于纳税人应纳税额的款项强制划拨入国家金库的措施。即书面通知其开户银行或者其他金融机构从其存款中扣缴税款。

(2)变价抵扣。变价抵扣是指如果纳税人的银行账户中没有存款或存款不足以强制扣缴时,海关可以将未放行的应税货物依法变卖,以销售货物所得价款抵缴应缴税款。如果该货物已经放行,则海关可以将该纳税人的其他价值相当于应纳税额的货物或其他财产依法变卖,以变卖所得价款抵缴应缴税款。

强制扣缴和变价抵扣的税款含纳税人未缴纳的税款滞纳金。

【趣味小故事】 小张大学毕业后赴美深造,攻读博士学位。父母担心在美国购物不方便,价格高昂,就为他准备了五条毛巾、四条枕巾、十几双袜子等日用品。入境后小张一直没注意检查行李箱,到了宿舍整理行李时才发现,毛巾、枕巾、袜子等每一样只剩下两个，其他都被海关暂扣了，里面有美国海关的一张扣押通知。

四、关税的退还

关税的退还是关税纳税人缴纳税款后，因某种原因，海关将实际征收多于应当征收的税款退还给原纳税人的一种行政行为。根据《海关法》规定，对于多征的税款，海关发现后应当立即退还。

按规定，有下列情形之一的，纳税人可以自缴纳税款之日起 1 年内通过书面声明，连同原纳税收据向海关申请退还税款并加算银行同期活期存款利息，逾期不予受理：

（1）因海关误征，多纳税款的；

（2）海关核准免验进口的货物，在完税后发现有短缺情况，经海关审查认可的；

（3）已征出口关税的货物，因故未装运出口，申报退关，经海关查明属实的。

对已征出口关税的出口货物和已征进口关税的进口货物，因货物品种或规格原因（非其他原因）原状复运进境或出境的，经海关查验属实的，也应退还已征关税，海关应当在受理退税申请之日起 30 日内做出书面答复并通知退税申请人。

五、关税的补征和追征

关税的补征和追征是海关在纳税人按海关规定缴纳税款后，发现实际征收税额少于应当征收的税额时，责令纳税人补缴所差税款的一种行政行为。

关税的补征：非因纳税人违反海关规定造成少征关税。根据《海关法》规定，进出境货物或物品放行后，海关发现少征或漏征税款，应当自缴纳税款或者货物、物品放行之日起 1 年内，向纳税人补征。

关税的追征：由于纳税人违反海关规定造成少征关税。因纳税人违反规定而造成的少征或者漏征的税款，自纳税人应缴纳税款之日起 3 年内可以追征，并从缴纳税款之日起按日加收少征或者漏征税款万分之五的滞纳金。

六、关税的纳税争议

为保护纳税人的合法权益，《海关法》和《关税条例》都规定了纳税人对海关确定的进出口货物的征税、减税、补税或者退税等有异议时，有提出申诉的权利。在纳税人同海关发生纳税争议时，可以向海关申请复议，但同时应当在规定期限内按海关核定的税额缴纳关税，逾期则构成滞纳，海关有权按规定采取强制执行措施。

纳税争议的内容一般为进出境货物和物品的纳税人对海关在原产地认定、税则归类、税率或汇率适用、完税价格确定，以及关税减征、免征、追征、补证和退还等征税行为是否合法或适当，是否侵害了纳税人的合法权益，而对海关征收关税的行为表示异议。

纳税争议的申诉程序：纳税人自海关填发税款缴款书之日起 30 日内，向原征税海关的上一级海关书面申请复议。逾期申请复议的，海关不予受理。海关应当自收到复议申请之日起 60 日内做出复议决定，并以复议决定书的形式正式答复纳税人；纳税人对海关复议决定仍然不服的，可以自收到复议决定书之日起 15 日内向人民法院提起诉讼。

【专项训练】

一、单项选择题

1. 依据关税的有关规定，下列各项中，不应计入完税价格的有（　　）。
   A. 为进口货物而支付的包装劳务费
   B. 为进口货物而支付的商标权费用
   C. 为进口货物而发生的境外考察费
   D. 为进口货物而支付的境外开发、设计等相关费用

2. 海关对逾期未缴的关税，按日加收（　　）的滞纳金。
   A. 0.2%　　　　B. 0.05%　　　　C. 2%　　　　D. 0.1%

3. 依据关税的有关规定，下列费用中不得计入完税价格的是（　　）。
   A. 买价
   B. 境外运费
   C. 由买方负担的包装费
   D. 由买方负担的购货佣金

4. 关于关税的完税价格，下列说法中正确的是（　　）。
   A. 进口料件申报内销时，海关应以料件销售时成交价格为基础审查确定完税价格
   B. 进口货物的成交价格无法确定时，海关应直接采用倒扣价格估价方法
   C. 由买方负担的经纪费用应计入完税价格中
   D. 设备进口后发生的安装费用，应计入完税价格中

5. 《进出口关税条例》规定，关税税额在人民币（　　）元以下的一票货物，可以免税。
   A. 5　　　　B. 10　　　　C. 50　　　　D. 100

6. 进口货物的完税价格是指货物的（　　）。
   A. 成交价格
   B. 到岸价格
   C. 以成交价格为基础的到岸价格
   D. 以到岸价格为基础的成交价格

7. 下列项目中，不计入进口完税价格的有（　　）。
   A. 货物价款
   B. 进口关税
   C. 运杂费
   D. 由买方负担的包装费

8. 某外贸企业收购一批货物出口，离岸价格为15万元，该批货物应纳出口关税（关税税率为50%）为（　　）万元。
   A. 5　　　　B. 7.5　　　　C. 10　　　　D. 15

9. 某公司进口一批货物，海关于2020年3月1日填发关税专用缴款书，但公司至3月27日才缴纳500万元的关税。海关应征收关税滞纳金（　　）万元。
   A. 2.75　　　　B. 3　　　　C. 6.5　　　　D. 6.75

二、多项选择题

1. 根据规定，下列各项中属于关税纳税人的是（　　）。
   A. 进口货物收货人
   B. 出口货物发货人
   C. 携带物品进境的入境人员
   D. 进口货物的代理人

2. 我国特别关税的种类包括（　　）。
   A. 报复性关税
   B. 保障性关税
   C. 进口附加税
   D. 反倾销税与反补贴税

3. 进口货物的关税税率形式有（　　　）。
   A. 最惠国税率　　　B. 协定税率　　　C. 特惠税率　　　D. 普通税率
4. 进口关税计征方法包括（　　　）。
   A. 从价税　　　B. 从量税　　　C. 复合税　　　D. 反倾销税
5. 以下关于我国出口关税的表述中，正确的是（　　　）。
   A. 以出境货物、物品为课税对象
   B. 征收的主要目的是限制、调控某些商品的过度、无序出口
   C. 主要以从价税为计征标准
   D. 在一定时期内对部分出口商品临时开征出口暂定关税
6. 除了成交价格方法外，海关估价的其他方法有（　　　）。
   A. 同等级货物或类似货物成交价格　　　B. 倒扣价格方法
   C. 计算价格方法　　　D. 合理方法
7. 进口货物的完税价格还包括（　　　）。
   A. 由买方负担的购货佣金以外的佣金和经纪费
   B. 由买方负担的在审查确定完税价格时与该货物视为一体的容器的费用
   C. 由买方负担的包装材料费用和包装劳务费用
   D. 进口货物运抵境内输入地点起卸后的运输及其相关费用、保险费
8. 出口货物离岸价格可扣除（　　　）。
   A. 出口关税
   B. 出口货物国内段运输、装卸等费用
   C. 售价中包含的离境口岸至境外口岸之间的运输费用
   D. 包含在成交价格中的支付给境外的佣金
9. 关税征收管理规定中，补征和追征的期限为（　　　）。
   A. 补征期 1 年内　　　B. 追征期 1 年内
   C. 补征期 3 年内　　　D. 追征期 3 年内
10. 依据关税的有关规定，下列各项中，不应计入完税价格的有（　　　）。
   A. 为进口货物而支付的包装劳务费
   B. 为进口货物而支付的商标权费用
   C. 为进口货物而发生的境外考察费
   D. 为进口货物而支付的境外开发、设计等相关费用

三、任务实训

1. 滨海市大成商贸公司为增值税一般纳税人，兼营商品加工、批发、零售和进出口业务。2020 年 3 月进口化妆品一批，支付国外的买价 220 万元、国外的采购代理人佣金 6 万元、国外的经纪费 4 万元；支付运抵我国海关地前的运输费用 20 万元、装卸费用和保险费用 11 万元；支付从海关地再运往商贸公司的运输费用 8 万元、装卸费用和保险费用 3 万元。
   要求：分别计算该公司进口环节应缴纳的关税、消费税、增值税（关税税率为 20%，消费税税率为 30%，增值税税率为 13%）。

2. 和佳公司从日本进口 500 吨化肥，货物以境外口岸离岸价格成交，每吨 2 000 美元，外汇牌价为 1 美元兑换 6.8 元人民币，货物运达我国境内输入地点起卸前的运输费、保险费和其他劳务费用为每吨 1 000 元人民币，关税税率为 10%。计算应缴纳的关税并做相关会计处理。

3. 美琪公司出口生丝一批，离岸价格为 450 万元人民币，关税税率为 50%。计算应缴纳的出口关税并进行会计处理。

4. 天成印刷厂有一台印刷机 1 月份运往中国香港修理，出境时已向海关报明该台机械的原值为 200 万元。6 月份此台机械按海关规定期限复运进境，海关审查确定的修理费为 40 万元，料件费为 60 万元。该机械复运进境时的市价为 300 万元，关税税率为 10%。计算该机械应纳的关税。

5. 渤海进出口公司为增值税一般纳税人，2020 年 3 月从国外进口一批材料，货价 80 万元，买方支付购货佣金 2 万元，运抵我国输入地点起卸前运费及保险费 5 万元；从国外进口一台设备，货价 10 万元，境外运费和保险费 2 万元，与设备有关的软件特许权使用费 3 万元；企业缴纳进口环节相关税金后海关放行。材料关税税率为 20%，设备关税税率为 10%。计算该企业应纳进口环节的税金。

项目五

企业所得税实务

【项目引领】

滨海市东方有限公司于2020年3月底进行2019年企业所得税的汇算清缴工作,以下是滨海市东方有限公司在2019年发生的经济业务。

(1)全年取得产品销售收入为5 600万元,产品销售成本为4 000万元;材料销售收入为800万元,材料销售成本为660万元。

(2)取得购买国债的利息收入40万元。

(3)缴纳税金及附加300万元。

(4)发生管理费用760万元,其中合理的工资薪金为360万元,福利费为50.4万元,职工教育经费为9万元,新技术的研究开发费用为60万元,业务招待费为70万元,折旧费110万元,办公费为50万元,保险费为50.6万元。

(5)发生财务费用200万元,其中向非金融机构借款200万元,利率为8%,同期同类银行贷款利率为5%。

(6)销售费用为500万元,其中合理的工资薪金为120.5万元,福利费为19.5万元,广告费和业务宣传费为350万元,办公费为10万元。

(7)取得营业外收入300万元(出售无形资产净收益),发生营业外支出150万元(其中自然灾害净损失130万元,公益性捐赠支出18万元,税收滞纳金2万元)。

(8)无以前年度累计未弥补亏损。

2019年已预缴企业所得税30万元。

思考:针对以上业务,判断哪些收入需要缴纳企业所得税,哪些收入不需要缴纳企业所得税。哪些支出可以在计算应税所得时扣除,哪些不能扣除?怎样计算滨海市东方有限公司2019年企业所得税?应如何申报缴纳?

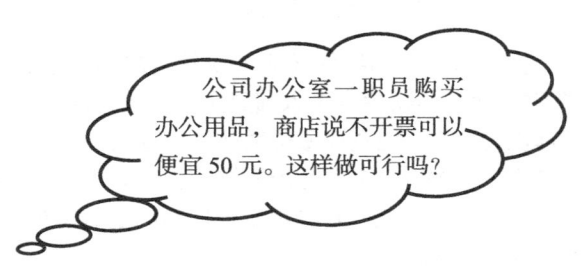

> 公司办公室一职员购买办公用品,商店说不开票可以便宜50元。这样做可行吗?

任务一 企业所得税纳税人和征税对象的确定

【知识准备】

企业所得税是指对我国境内的企业和其他取得收入的组织，以其生产经营所得和其他所得为课税对象所征收的一种所得税。我国企业所得税收入约占税收总收入的20%，是仅次于增值税的第二大税种。

（企业所得税的概念、特点和纳税人）

一、企业所得税的纳税义务人

企业所得税的纳税义务人就是境内的企业和其他取得收入的组织（除缴纳个人所得税的个人独资企业、合伙企业、个体工商户三类纳税人）。根据注册地或实际管理机构标准，把企业所得税纳税义务人分为居民企业和非居民企业，他们在向中国政府缴纳所得税时，纳税义务也有所不同，以更好地保障我国税收管辖权的有效行使。

根据注册地或实际管理机构标准确定居民企业，只要满足其中一个标准的就是居民企业，如表5-1所示。

表5-1 居民企业的确定标准

标　准	注　释	举　例
注册地	在中国境内，由国家有关部门批准，依法注册、登记的事业单位、社会团体等组织	在工商登记、注册的各类有限责任公司和股份有限公司
实际管理机构	依照外国法律成立但其实际管理机构、财务中心在中国境内的企业	阿里巴巴注册地在开曼群岛，但是整个运营中心都在中国境内

非居民企业，是指依照外国（地区）法律设立且实际管理机构不在中国境内，但在中国境内设立机构、场所，或者在中国境内未设立机构、场所，但有来源于中国境内所得的企业。

二、企业所得税的征税对象

企业所得税的征税对象，是指企业的生产经营所得、其他所得和清算所得。企业所得税的征税对象如表5-2所示。

表5-2 企业所得税的征税对象

企业类型	征税对象	详细内容
居民企业	来源于中国境内、境外的所得	销售货物、提供劳务、转让财产、股息、红利、利息、租金、特许权使用费、接受捐赠等方面的所得
非居民企业	在中国境内设立的机构、场所取得的来源于中国境内的所得	

【思考与练习】

某国外工程顾问公司为国内一大型工程项目提供设计方案，合同约定收取设计费50万美元。该笔收入是否应在国内缴纳企业所得税?

分析:该公司在国外设立,且实际管理机构不在中国,因此属于非居民企业。根据我国税法规定,非居民企业应当就其来源于中国境内的所得缴纳企业所得税。所得来源是属于国内还是国外,具体如何确定?

1. 销售货物所得,按照交易活动发生地确定。
2. 提供劳务所得,按照劳务发生地确定。
3. 转让财产所得,不动产按照所在地确定;动产按照转让动产的企业所在地确定;权益性投资资产按照被投资企业所在地确定。
4. 股息、红利等权益性投资所得,按照分配所得的企业所在地确定。
5. 利息所得、租金所得、特许权使用费所得,按照负担、支付所得的企业所在地确定,或者按照负担、支付所得的个人所在地确定。

任务二　企业所得税的计算与核算

【知识准备】

一、企业所得税税率

企业所得税实行比例税率,主要有基本税率、低税率、优惠税率三档(见表5-3)。比例税率简便易行,透明度高,有利于提升效率。

(企业所得税应纳税额的计算)

表5-3　企业所得税税率

企业所得税	税　率	适　用　对　象
基本税率	25%	适用于大部分企业
低税率	20%	在中国境内未设立机构、场所的,或者虽设立机构、场所但没有实际联系的非居民企业(实际征税时适用10%的税率)
优惠税率	20%	符合条件的小型微利企业(工业企业年应纳税所得额不超过50万元,从业人数不超过100人,资产总额不超过3 000万元;其他企业工业企业年应纳税所得额不超过50万元,从业人数不超过80人,资产总额不超过1 000万元)
	15%	国家需要重点扶持并经过有关部门认定的高新技术企业、技术先进型服务企业

小型微利企业2019年1月1日至2021年12月31日优惠政策

对小型微利企业年应纳税所得额不超过100万元的部分,减按25%计入应纳税所得额,按20%的税率缴纳所得税;对年应纳税所得额超过100万元但不超过300万元的部分,减按50%计入应纳税所得额,按20%的税率缴纳所得税。

上述小型微利企业是指从事国家非限制和禁止行业,且同时符合年度应纳税所得额不超过300万元、从业人数不超过300人、资产总额不超过5 000万元三个条件的企业。

如大华商贸公司符合优惠政策中的小微企业条件，2019年度年应纳税所得额为90万元，则应纳企业所得税税额=90×25%×20%=4.5万元，相当于执行了5%的优惠税率。

二、应纳税额的计算

实务中，缴纳企业所得税之前要确定企业所得税的计税依据（应纳税所得额），选择适用税率，然后进行应纳税额的计算，其计算公式为：

应纳税额 = 应纳税所得额×适用税率 − 减免税额 − 抵免税额

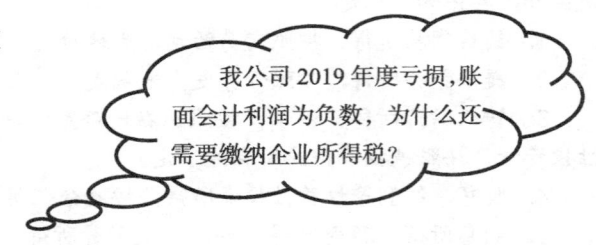

应纳税所得额=收入总额−不征税收入−免税收入−各项扣除−允许弥补的以前年度亏损

或者：

应纳税所得额=会计利润±纳税调整项目金额

> 我公司2019年度亏损，账面会计利润为负数，为什么还需要缴纳企业所得税？

会计利润与应纳税所得额存在差异，是由于会计法规和税法规定的计算口径和计算期不同造成的，会计利润与应纳税所得额的区别与联系如表5-4所示。

表5-4　会计利润与应纳税所得额的区别与联系

项目	区别	联系
会计利润	根据企业会计准则的相关规定计算得出，为列在利润表上利润总额的数值	应纳税所得额是在会计利润的基础上加减调整项目得到的，计算公式为：应纳税所得额=会计利润+纳税调整增加额−纳税调整减少额
应纳税所得额	根据税法规定所确认的收入总额与准予扣除项目金额之间的差额	

三、应纳税额的核算

实务中，根据《小企业会计准则》要求，企业一般采用简便易行的应付税款法核算企业所得税，将计算出的应缴所得税额确认为所得税费用。会计人员应设置"应交税费——应交所得税"和"所得税费用"等科目。

（1）申报企业所得税时：

借：所得税费用
　　贷：应交税费——应交所得税

（2）缴纳企业所得税时：

借：应交税费——应交所得税
　　贷：银行存款

任务三　收入与扣除项目的特殊规定

一、不征税收入和免税收入

企业的收入是计算应纳税所得的基础，具体包括销售货物收入，提供劳务收入，转让财产收入，股息、红利等权益性投资收益，利息收入，租金收入，特许权使用费收入，接受捐赠收入，其他收入。国家为了实现特定的目的，对企业取得的某些收入予以不征税或者免税的特殊政策，以减轻企业负担。

（一）不征税收入

（1）财政拨款，是指各级人民政府对纳入预算管理的事业单位、社会团体等组织拨付的财政资金。

（2）依法收取并纳入财政管理的行政事业性收费、政府性基金。

（3）国务院规定的其他不征税收入，即企业取得的，由国务院财政、税务主管部门规定专项用途并经国务院批准的财政性资金。

> **不征税收入相关费用或资产的扣除要求**
>
> 根据《企业所得税实施条例》，上述不征税收入用于支出所形成的费用，不得在计算应纳税所得额时扣除；用于支出所形成的资产，其计算的折旧、摊销成本不得在计算应纳税所得额时扣除。

（二）免税收入

（1）国债利息收入。为鼓励企业积极购买国债，支援国家建设，税法规定，企业因购买国债所得的利息收入，免征企业所得税。

（2）符合条件的非营利组织的收入。具体条件如下：

① 依法履行非营利组织登记手续。

② 从事公益性或者非营利性活动。

③ 取得的收入除用于与该组织有关的、合理的支出外，全部用于登记核定或者章程规定的公益性或非营利性事业。

④ 财产及其孳生息不用于分配。

⑤ 该组织注销后的剩余财产，用于公益性或者非营利性目的。

⑥ 投入人对投入该组织的财产不保留或者享有任何财产权利。

⑦ 工作人员工资福利支出控制在规定的比例内，不变相分配该组织的财产。

> 我所在的学校属于民办教育，学校收取的学费是否属于应纳税所得？

二、扣除项目

企业申报的扣除项目和金额要真实、合法。所谓真实，是指能提供有关支出确实已经发生的证明，包括发票、合同、付款记录、验收单等；合法是指符合国家税法的规定，如出现其他法规与税法规定不一致的，应当以税收法规的规定为准。

（一）部分扣除项目及其标准

1. 业务招待费

企业发生的与生产经营有关的业务招待费支出，按照发生额的60%扣除，但是最高不得超过当年销售（营业）收入的5‰。

2. 广告费和业务宣传费

企业发生的符合条件的广告费和业务宣传费，除国务院财政、税务主管部门另有规定外，不超过当年当年销售（营业）收入的15‰的部分，准予扣除；超过部分，准予在以后纳税年度结转扣除。

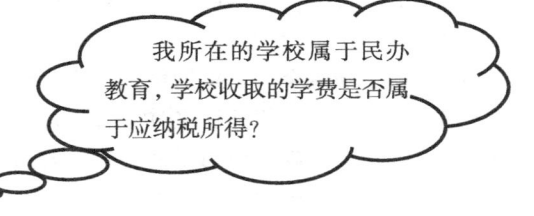

3. 公益性捐赠支出

公益性捐赠支出，是指企业通过公益性社会团体组织或者县级（含县级）以上人民政府及其所属部门，用于规定的公益事业的捐赠。

企业发生的公益性捐赠支出，不超过年度利润总额12%的部分，准予扣除；超过部分，准予在以后三年内结转扣除。

> 某公司通过市教育局向某学校捐赠一批教学设备，价值为50万元，能否税前扣除？

4. 职工福利费、工会经费、职工教育经费

企业发生的职工福利费、工会经费、职工教育经费按标准扣除，未超过标准的部分按照实际数扣除，超过标准的部分不能扣除。职工福利费、工会经费、职工教育经费的扣除标准，分别为工资薪金总额的14%、2%、8%。职工教育经费超过标准的部分，准予在以后纳税年度结转扣除。

公益性捐赠的扣除要求

公益性社会团体和县级以上人民政府及其组成部门在接受捐赠时，应使用财政部或省级财政部门印制的公益性捐赠专用票据，并加盖本单位印章。

（二）不得扣除的项目

在计算应纳税所得额时，下列支出不得扣除：

（1）向投资者支付的股息、红利等权益性投资收益款项。

（2）企业所得税税款。

（3）税收滞纳金，是指纳税人违反税收法规，被税务机关处罚的滞纳金。

（4）罚金、罚款和被没收财物的损失，是指纳税人违反国家有关法律、法规规定，被有关部门处以的罚款，以及被司法部门处以的罚金和被没收财物。

（5）超过规定标准的捐赠支出。

（6）赞助支出，是指企业发生的与生产经营活动无关的各种非广告性质支出。

（7）未经核定的准备金支出，是指不符合国务院财政、税务主管部门规定的各种资产减值准备、风险准备金等准备金支出。

（8）企业之间支付的管理费，企业内营业机构之间支付的租金和特许权使用费，以及非银行企业内营业机构之间支付的利息，不得扣除。

（9）与取得收入无关的其他支出。

【思考与练习】

银行借款逾期的罚息支出、合作伙伴的违约金支出是否可以税前扣除？

（三）加计扣除

加计扣除是指对企业支出项目按照规定给予税前扣除的基础上，再给予追加扣除。

1. 一般企业研究开发费

企业发生的研究开发费，计入当期损益的，在按照规定据实扣除的基础上，再按照研究开发费的75%加计扣除；形成无形资产的，按照无形资产成本的175%摊销。

2. 高科技型中小企业研究开发费

高科技型中小企业开展研发活动中实际发生的研究开发费，计入当期损益的，在按照规定

据实扣除的基础上，再按照研究开发费的75%加计扣除；形成无形资产的，按照无形资产成本的175%摊销。

3. 企业委托境外机构研究开发费用

企业委托境外机构形成的研究开发费用，按照实际费用的80%计入委托境外研发费用，在企业所得税税前加计扣除。

4. 安置残疾人员所支付的工资

企业安置残疾人员的，在按照支付给残疾职工工资据实扣除的基础上，再按照支付给残疾职工工资的100%加计扣除。

（四）加速折旧

2019年1月1日起，在全部制造业领域，属于下述条件的固定资产，可以加速折旧：

（1）由于技术进步，产品更新换代较快的固定资产；

（2）常年处于强震动、高腐蚀状态的固定资产。

采取缩短折旧年限方法的，最低折旧年限不得低于规定折旧年限的60%；采取加速折旧方法的，可以采取双倍余额递减法或者年数总和法。

（五）亏损的弥补

（1）企业在某一纳税年度发生的亏损，可以用下一年度的所得弥补，下一年度的所得不足弥补的，可以逐年延续弥补，但是最长不得超过5年。

（2）自2018年1月1日起，当年具备高新技术企业或者科技型中小企业资格的企业，其具备资格年度之前5个年度发生的尚未弥补完的亏损，准予结转以后年度弥补，最长结转年限由5年延长至10年。

任务四　企业所得税预缴

【知识准备】

实务中，企业所得税按年计征，分期预缴，年终汇算清缴，多退少补。

分期预缴一般是按季预缴，于季度终了之日起15日内，向税务机关报送预缴企业所得税申报表，同时应按规定附送财务会计报表和其他有关资料，预缴所得税额。

一、企业所得税的预缴方式

企业所得税的预缴方式直接决定了纳税人的税款计算方法。企业所得税预缴方式（见表5-5）有查账征收和核定征收两种。企业所得税征收方式一经确定，一般在该纳税年度内不得变更。

表5-5　企业所得税预缴方式

项　　目	适　用　范　围	核　算　依　据
查账征收	适用于会计机构和会计核算体系健全，能够正确核算应交税金、提供纳税资料的企业	根据账簿上记录的数据，按"应纳税所得额×适用税率"计算纳税人的应纳税额
核定征收	适用于账册不健全，不能提供完整、准确的收入及成本、费用证明，不能正确计算应纳税所得额的企业	根据税务机关核定的方式申报企业所得税，一般分为核定应税所得率和核定应纳税所得额

二、预缴企业所得税的纳税申报

实务中,所有的一般纳税人和大部分小规模纳税人都是以查账征收方式预缴企业所得税的,因此,这里主要介绍查账征收方式下中华人民共和国企业所得税月(季)度预缴纳税申报表(A 类)的内容和填制方法。

查账征收方式下,纳税人应在规定的纳税期限内根据自己的财务报表或经营情况,填写中华人民共和国企业所得税月(季)度预缴纳税申报表(A 类)(见表 5-6,以下简称 A 类申报表),向税务机关申报、缴纳企业所得税。

A 类申报表从纵向看,正表部分可分为"本期金额"和"累计金额"两列。"本期金额"根据申报所属期的利润情况和所得税情况进行填列;"累计金额"根据年初至所属期末的利润情况和所得税情况进行填列。

从横向看,正表部分包括四部分:①根据申报当期利润表的信息填列;②根据上一纳税年度应纳税所得额的平均额预缴;③按照税务机关确定的其他方法预缴;④由总分支机构纳税人填写。纳税人应根据自身情况选择其中之一填写。一般情况下 A 类申报表应根据当期利润表进行填写。

【例 5-1】 展翼有限公司是一般纳税人,采用查账征收方式预缴企业所得税,2019 年第一季度 1 月、2 月、3 月的营业收入和营业成本如下(根据前 3 个月的利润表),营业收入分别为 207 812 元、223 867 元、189 734 元;营业成本分别为 145 467.7 元、158 945.07 元、136 608.23 元。

【解析】在填写季度预缴纳税申报表时,"营业收入"的金额为前 3 个月营业收入之和,即 207 812+223 867+189 734= 621 413(元)。"营业成本"的金额为前 3 个月营业成本之和,即 145 467.7+158 945.07+136 608.23= 441 021(元)。填表如下。

表 5-6 中华人民共和国企业所得税月(季)度预缴纳税申报表(A 类)

税款所属期间: 2019 年 1 月 1 日 至 2019 年 3 月 31 日

纳税人识别号:□□□□□□□□□□□□□□□□□□

纳税人名称:展翼有限公司   金额单位:元(列至角分)

行次	项 目	本期金额	累计金额
1	一、按照实际利润额预缴		
2	营业收入	621 413.00	621 413.00
3	营业成本	441 021.00	441 021.00
4	利润总额	180 392.00	180 392.00
5	加:特定业务计算的应纳税所得额		
6	减:不征税收入和税基减免应纳税所得额(请填附表一)		
7	固定资产加速折旧(扣除)调减额(请填附表二)		
8	弥补以前年度亏损		
9	实际利润额(4 行+5 行-6 行-7 行-8 行)	180 392.00	180 392.00
10	税率(25%)		
11	应纳所得税额(9 行×10 行)	45 098.00	45 098.00
12	减:减免所得税额(请填附表三)		
13	实际已预缴所得税额		—
14	特定业务预缴(征)所得税额		
15	应补(退)所得税额(11 行-12 行-13 行-14 行)		—

续表

行次	项目	本期金额	累计金额
16	减：以前年度多缴在本期抵缴所得税额		
17	本月（季）实际应补（退）所得税额	—	
18	**二、按照上一纳税年度应纳税所得额平均额预缴**		
19	上一纳税年度应纳税所得额	—	
20	本月（季）应纳税所得额（19行×1/4 或 1/12）		
21	税率（25%）		
22	本月（季）应纳所得税额（20行×21行）		
23	减：减免所得税额（请填附表三）		
24	本月（季）实际应纳所得税额（22行-23行）		
25	**三、按照税务机关确定的其他方法预缴**		
26	本月（季）税务机关确定的预缴所得税额		
27	**总分机构纳税人**		
28	总机构 / 总机构分摊所得税额（15行或24行或26行×总机构分摊预缴比例）		
29	总机构 / 财政集中分配所得税额		
30	总机构 / 分支机构分摊所得税额（15行或24行或26行×分支机构分摊比例）		
31	其中：总机构独立生产经营部门应分摊所得税额		
32	分支机构 / 分配比例		
33	分支机构 / 分配所得税额		

是否属于小型微利企业：　　　　是□　　　否☑

谨声明：此纳税申报表是根据《中华人民共和国企业所得税法》《中华人民共和国企业所得税法实施条例》和国家有关税收规定填报的，是真实的、可靠的、完整的。

法定代表人（签字）：　　　　　　年　月　日

纳税人公章： 会计主管： 填表日期：　年　月　日	代理申报中介机构公章： 经办人： 经办人执业证件号码： 代理申报日期：　年　月　日	主管税务机关受理专用章： 受理人： 受理日期：　年　月　日

从业人员经验之谈

　　企业以查账征收方式预缴企业所得税的，如果上年度符合小型微利企业条件，则在本年度填写 A 类申报表时，9 行"实际利润额"与 5% 的乘积，暂填入 12 行"减免所得税额"内。

　　高新技术企业资格有效期内，在本年度填写 A 类申报表时，9 行"实际利润额"与 10% 的乘积，暂填入 12 行"减免所得税额"内。

任务五　企业所得税汇算清缴（一）

【知识准备】

企业应当自年度终了之日起 5 个月内，向税务机关报送年度企业所得税纳税申报表、财务会计报告和其他资料并汇算清缴，结清应缴应退税款。企业在纳税年度内不管是盈利还是亏损均应按规定期限报送上述资料。

实务中，一般纳税人和小规模纳税人多以查账征收方式预缴企业所得税，因此，这里主要介绍查账征收方式下主要表格的内容和填制方法。

企业所得税年度纳税申报表分为主表及有关附表，不同企业需要填写的企业所得税汇算清缴申报表有所不同。查账征收方式下，需要填写企业所得税年度纳税申报表（A 类）及附表，共有三十多份，在此仅就一般企业常用的主表和附表进行介绍，查账征收方式下需填写的主要申报表如表 5-7 所示。

表 5-7　查账征收方式下需填写的主要申报表

名　　称	报表简介
中华人民共和国企业所得税年度纳税申报表（A 类）	主表
中华人民共和国企业所得税年度纳税申报表（A 类）附表一	收入明细表
中华人民共和国企业所得税年度纳税申报表（A 类）附表二	成本支出明细表
中华人民共和国企业所得税年度纳税申报表（A 类）附表三	期间费用明细表
中华人民共和国企业所得税年度纳税申报表（A 类）附表四	弥补亏损明细表
中华人民共和国企业所得税年度纳税申报表（A 类）附表五	免税、减计收入及加计扣除优惠明细表
中华人民共和国企业所得税年度纳税申报表（A 类）附表六	捐赠支出纳税调整明细表
中华人民共和国企业所得税年度纳税申报表（A 类）附表七	广告费和业务宣传费跨年度纳税调整表
中华人民共和国企业所得税年度纳税申报表（A 类）附表八	资产折旧、摊销纳税调整明细表
中华人民共和国企业所得税年度纳税申报表（A 类）附表九	资产减值准备项目调整明细表
中华人民共和国企业所得税年度纳税申报表（A 类）附表十	投资收益纳税调整明细表
中华人民共和国企业所得税年度纳税申报表（A 类）附表十一	纳税调整项目明细表

一、附表一的填报

附表一为收入明细表，其结构如表 5-8 所示，一般直接根据收入类科目余额表填写。

表 5-8　一般企业收入明细表

填报时间：2020 年 3 月 15 日　　　　　　　　　　　　　金额单位：元（列至角分）

行次	项　目	金　额
1	一、营业收入（2+9）	64 000 000.00
2	（一）主营业务收入（3+5+6+7+8）	56 000 000.00

续表

行次	项　目	金　额
3	1. 销售商品收入	56 000 000.00
4	其中：非货币性资产交换收入	
5	2. 提供劳务收入	
6	3. 建造合同收入	
7	4. 让渡资产使用权收入	
8	5. 其他	
9	（二）其他业务收入（10+12+13+14+15）	8 000 000.00
10	1. 销售材料收入	8 000 000.00
11	其中：非货币性资产交换收入	
12	2. 出租固定资产收入	
13	3. 出租无形资产收入	
14	4. 出租包装物和商品收入	
15	5. 其他	
16	二、营业外收入（17+18+19+20+21+22+23+24+25+26）	3 000 000.00
17	（一）非流动资产处置利得	3 000 000.00
18	（二）非货币性资产交换利得	
19	（三）债务重组利得	
20	（四）政府补助利得	
21	（五）盘盈利得	
22	（六）捐赠利得	
23	（七）罚没利得	
24	（八）确实无法偿付的应付款项	
25	（九）汇兑收益	
26	（十）其他	

1. "营业收入"的填写

【例5-2】本案例中，全年商品销售收入为5 600万元和材料销售收入800万元。

【解析】商品销售收入和材料销售收入均是销售收入。因而，如表5-8所示的附表一 3行"销售商品收入"中应填入5 600万元；附表一10行"销售材料收入"中应填入800万元。

2. "营业外收入"的填写

【例5-3】本案例中，取得营业外收入300万元（出售无形资产净收益）。

【解析】出售无形资产净收益属于"非流动资产处置利得"。因而，如表5-8所示的附表一17行"非流动资产处置利得"中应填入300万元。

二、附表二的填报

附表二为成本支出明细表，其结构如表5-9所示。附表二的填写方法与附表一相似，根据成本费用类科目余额表的累计发生额填写即可。

表 5-9 一般企业成本支出明细表

填报时间：2020 年 3 月 15 日　　　　　　　　　金额单位：元（列至角分）

行　次	项　目	金　额
1	一、营业成本（2+9）	46 600 000.00
2	（一）主营业务成本（3+5+6+7+8）	40 000 000.00
3	1. 销售商品成本	40 000 000.00
4	其中：非货币性资产交换成本	
5	2. 提供劳务成本	
6	3. 建造合同成本	
7	4. 让渡资产使用权成本	
8	5. 其他	
9	（二）其他业务成本（10+12+13+14+15）	6 600 000.00
10	1. 材料销售成本	6 600 000.00
11	其中：非货币性资产交换成本	
12	2. 出租固定资产成本	
13	3. 出租无形资产成本	
14	4. 包装物出租成本	
15	5. 其他	
16	二、营业外支出（17+18+19+20+21+22+23+24+25+26）	1 500 000.00
17	（一）非流动资产处置损失	
18	（二）非货币性资产交换损失	
19	（三）债务重组损失	
20	（四）非常损失	1 300 000.00
21	（五）捐赠支出	180 000.00
22	（六）赞助支出	
23	（七）罚没支出	20 000.00
24	（八）坏账损失	
25	（九）无法收回的债券股权投资损失	
26	（十）其他	

1. "营业成本"的填写

【例 5-4】本案例中，全年发生销售商品成本 4 000 万元，材料销售成本 660 万元。

【解析】全年销售商品成本 4 000 万元和材料销售成本 660 万元均是销售成本。因而，如表 5-9 所示的附表二 3 行"销售商品成本"中应填入 4 000 万元；附表二 10 行"材料销售成本"中应填入 660 万元。

2. "营业外支出"的填写

【例 5-5】本案例中，发生营业外支出 150 万元（其中自然灾害净损失 130 万元，公益性捐赠 18 万元，税收滞纳金 2 万元）。

【解析】自然灾害净损失 130 万元填入如表 5-9 所示的附表二 20 行"非常损失"中，公益性捐赠 18 万元填入附表二 21 行"捐赠支出"中，税收滞纳金 2 万元填入附表二 23 行"罚没支出"中。

三、附表三的填报

附表三为期间费用明细表，其结构如表 5-10 所示。附表三的填写方法与附表二相似，根据成本费用类科目余额表的累计发生额填写即可。

表 5-10 期间费用明细表

填报时间：2020 年 3 月 15 日　　　　　　　　　　　　　　　　金额单位：元（列至角分）

行次	项目	销售费用	其中：境外支付	管理费用	其中：境外支付	财务费用	其中：境外支付
		1	2	3	4	5	6
1	一、职工薪酬①	1 400 000.00	*	4 194 000.00	*	*	*
2	二、劳务费	0.00	0.00	0.00	0.00	*	*
3	三、咨询顾问费	0.00	0.00	0.00	0.00	*	*
4	四、业务招待费	0.00	*	700 000.00	*	*	*
5	五、广告费和业务宣传费	3 500 000.00	*	0.00	*	*	*
6	六、佣金和手续费	0.00	0.00	0.00	0.00	0.00	0.00
7	七、资产折旧摊销费	0.00	*	1 100 000.00	*	*	*
8	八、财产损耗、盘亏及毁损损失	0.00	*	0.00	*	*	*
9	九、办公费	100 000.00	*	500 000.00	*	*	*
10	十、董事会费	0.00	*	0.00	*	*	*
11	十一、租赁费	0.00	0.00	0.00	0.00	*	*
12	十二、诉讼费	0.00	*	0.00	*	*	*
13	十三、差旅费	0.00	*	0.00	*	*	*
14	十四、保险费	0.00	*	506 000.00	*	*	*
15	十五、运输、仓储费	0.00	0.00	0.00	0.00	*	*
16	十六、修理费	0.00	*	0.00	*	*	*
17	十七、包装费	0.00	*	0.00	*	*	*
18	十八、技术转让费	0.00	0.00	0.00	0.00	*	*
19	十九、研究费用	0.00	0.00	600 000.00	0.00	*	*
20	二十、各项税费	0.00	*	0.00	*	*	*
21	二十一、利息收支	*	*	*	*	2 000 000.00	0.00
22	二十二、汇兑差额	*	*	*	*	0.00	0.00
23	二十三、现金折扣	*	*	*	*	0.00	*
24	二十四、党组织工作经费	*	*	0.00	*	*	*
25	二十五、其他	0.00	0.00	0.00	0.00	*	*
26	合计(1+2+3+…24+25)	5 000 000.00	0.00	7 600 000.00	0.00	2 000 000.00	0.00

【例 5-6】 本案例中，发生管理费用 760 万元，其中工资薪金 360 万元，福利费 50.4 万元，职工教育经费 9 万元，研究费用 60 万元，业务招待费 70 万元，资产折旧摊销费 110 万元，

---

① 注：工资薪金、福利费、职工教育经费合计填入职工薪酬一栏。

办公费 50 万元，保险费 50.6 万元；发生财务费用 200 万元，全部为借款利息，在利息收支列示；发生销售费用 500 万元，其中工资薪金 140 万元，广告费和业务宣传费 350 万元，办公费 10 万元。

据此，分别完成附表二各项目的填写，如表 5-10 所示。

四、附表四的填报

附表四为企业所得税弥补亏损明细表，其结构如表 5-11 所示。本表填报纳税人在本纳税年度及本纳税年度前 5 或前 10 年度的纳税调整后所得、合并、分立转入（转出）可弥补的亏损额，当年可弥补的亏损额，以前年度亏损已弥补额，本年度实际弥补的以前年度亏损额，可结转以后年度弥补的亏损额。

（1）第 1 列[①]"年度"：填报公历年度。纳税人应首先填报第 11 行"本年度"对应的公历年度，再依次从第 10 行往第 1 行倒推填报以前年度。

（2）第 2 列"当年境内所得额"：亏损以负数表示。

（3）第 3 列"分立转出的亏损额"：填报本年度企业分立按照企业重组特殊性税务处理规定转出的符合条件的亏损额。分立转出的亏损额按亏损所属年度填报，转出亏损的亏损额以正数表示。

（4）第 4 列"合并、分立转入的亏损额-可弥补年限 5 年"：填报企业符合企业重组特殊性税务处理规定，因合并或分立本年度转入的不超过 5 年亏损弥补年限规定的亏损额。合并、分立转入的亏损额按亏损所属年度填报，转入的亏损额以负数表示。

（5）第 5 列"合并、分立转入的亏损额-可弥补年限 10 年"：填报企业符合企业重组特殊性税务处理规定，因合并或分立本年度转入的不超过 10 年亏损弥补年限规定的亏损额。合并、分立转入的亏损额按亏损所属年度填报，转入的亏损额以负数表示。

（6）第 6 列"弥补亏损企业类型"：纳税人根据不同年度情况从《弥补亏损企业类型代码表》中选择相应的代码填入本项。不同类型纳税人的亏损结转年限不同，"一般企业"（代码 100）是指亏损结转年限为 5 年的纳税人；"符合条件的高新技术企业"（代码 200）、"符合条件的科技型中小企业"（代码 300），亏损结转年限为 10 年。

（7）第 7 列"当年亏损额"：填报纳税人各年度可弥补亏损额的合计金额。

（8）第 8 列"当年待弥补的亏损额"：填报在用本年度（申报所属期年度）所得额弥补亏损前，当年度尚未被弥补的亏损额。

（9）第 9 列"用本年度所得额弥补的以前年度亏损额-使用境内所得弥补"：第 1 行至第 10 行，当第 11 行第 2 列本年度（申报所属期年度）的"当年境内所得额"＞0 时，填报各年度被本年度（申报所属期年度）境内所得依次弥补的亏损额，弥补的亏损额以正数表示。本列第 11 行，填报本列第 1 行至第 10 行的合计金额，表 5-19 第 22 行填报本项金额。

（10）第 10 列"用本年度所得额弥补的以前年度亏损额-使用境外所得弥补"：第 1 行至第 10 行，当纳税人选择用境外所得弥补境内以前年度亏损的，填报各年度被本年度（申报所属期年度）境外所得依次弥补的亏损额，弥补的亏损额以正数表示。本列第 11 行，填报本列第 1 行至第 10 行的合计金额。

（11）第 11 列"当年可结转以后年度弥补的亏损额"：第 1 行至第 11 行，填报各年度尚未弥补完的且准予结转以后年度弥补的亏损额，结转以后年度弥补的亏损额以正数表示。本列第 12 行，填报本列第 1 行至第 11 行的合计金额。

---

① 注：填表说明中所说的行次与列次，均为表格中特别标明的行次与列次，而非自然排列的顺序数。

企业所得税实务 项目五

【例 5-7】宏展有限责任公司为一般公司,2014、2015、2016、2017、2018、2019 年度的纳税调整后所得分别为-15 000 元、-26 000 元、-57 000 元、-34 000 元、-20 000 元、78 000 元,全部为境内所得。企业所得税弥补亏损明细表的填写如表 5-11 所示。

【解析】

表 5-11 企业所得税弥补亏损明细表

填报时间:2020 年 3 月 15 日　　　　　　　　　　　　金额单位:元(列至角分)

行次	项目	年度	当年境内所得额	分立转出的亏损额	合并、分立转入的亏损额 可弥补年限5年	合并、分立转入的亏损额 可弥补年限10年	弥补亏损企业类型	当年亏损额	当年待弥补的亏损额	用本年度所得额弥补的以前年度亏损额 使用境内所得弥补	用本年度所得额弥补的以前年度亏损额 使用境外所得弥补	当年可结转以后年度弥补的亏损额
			1	2	3	4	5	6	7	8	9	10	11
1	前十年度	2009										
2	前九年度	2010										
3	前八年度	2011										
4	前七年度	2012										
5	前六年度	2013										
6	前五年度	2014	-15 000.00				100	-5 000.00	-15 000.00	15 000.00		0
7	前四年度	2015	-26 000.00				100	-26 000.00	-26 000.00	26 000.00		0
8	前三年度	2016	-57 000.00				100	-57 000.00	-57 000.00	37 000.00		20 000.00
9	前二年度	2017	-34 000.00				100	-34 000.00	-34 000.00			34 000.00
10	前一年度	2018	-20 000.00				100	-20 000.00	-20 000.00			20 000.00
11	本年度	2019	78 000.00				100					0
12			可结转以后年度弥补的亏损额合计									74 000.00

关于企业亏损弥补年限的规定

根据企业所得税法规定,企业纳税年度发生的亏损,准予向以后年度结转,用以后年度的所得弥补,但结转年限最长不得超过 5 年。

自 2018 年 1 月 1 日起,当年具备高新技术企业或科技型中小企业资格(以下统称资格)的企业,其具备资格年度之前 5 个年度发生的尚未弥补完的亏损,准予结转以后年度弥补,最长结转年限由 5 年延长至 10 年。

五、附表五的填报

附表五为免税、减计收入及加计扣除优惠明细表,其结构如表 5-12 所示。本表适用于享受所得减免优惠的纳税人填报。纳税人根据税法及相关税收政策规定,填报本年发生的减免所得额优惠情况。无论是减免企业的收入、所得,还是降低企业的税率,或者是直接减免企业的税额,都应根据企业向主管税务机关报备的税收优惠的相关文件来计算、填写。

【例 5-8】本项目任务导入的案例中,企业取得购买国债的利息收入 40 万元,发生新技术的研究开发费用 60 万元。

【解析】税法规定,国债的利息收入 40 万元属于免税收入,新技术的研究开发费用 60 万元,可以加计扣除75%,即 60×75%=45(万元),如表5-12所示(普通企业和科技型中小企业研发费用,在 2017 年至 2020 年期间,均可按实际发生额的 75%在税前加计扣除)。

107

表 5-12　免税、减计收入及加计扣除优惠明细表

填报时间：2020 年 3 月 15 日　　　　　　　　　　　　金额单位：元（列至角分）

行次	项　　目	金　　额
1	一、免税收入（2+3+6+7+…+16）	400 000.00
2	（一）国债利息收入免征企业所得税	400 000.00
3	（二）符合条件的居民企业之间的股息、红利等权益性投资收益免征企业所得税（4+5+6+7+8）	
4	1.一般股息、红利等权益性投资收益免征企业所得税（填写 A107011）	
5	2.内地居民企业通过沪港通投资且连续持有 H 股满 12 个月取得的股息、红利所得免征企业所得税（填写 A107011）	
6	3.内地居民企业通过深港通投资且连续持有 H 股满 12 个月取得的股息、红利所得免征企业所得税（填写 A107011）	
7	4.居民企业持有创新企业 CDR 取得的股息、红利所得免征企业所得税（填写 A107011）	
8	5.符合条件的永续债利息收入免征企业所得税（填写 A107011）	
9	（三）符合条件的非营利组织的收入免征企业所得税	
10	（四）中国清洁发展机制基金取得的收入免征企业所得税	
11	（五）投资者从证券投资基金分配中取得的收入免征企业所得税	
12	（六）取得的地方政府债券利息收入免征企业所得税	
13	（七）中国保险保障基金有限责任公司取得的保险保障基金等收入免征企业所得税	
14	（八）中国奥委会取得北京冬奥组委支付的收入免征企业所得税	
15	（九）中国残奥委会取得北京冬奥组委分期支付的收入免征企业所得税	
16	（十）其他	
17	二、减计收入（18+19+23+24）	
18	（一）综合利用资源生产产品取得的收入在计算应纳税所得额时减计收入	
19	（二）金融、保险等机构取得的涉农利息、保费减计收入（20+21+22）	
20	1.金融机构取得的涉农贷款利息收入在计算应纳税所得额时减计收入	
21	2.保险机构取得的涉农保费收入在计算应纳税所得额时减计收入	
22	3.小额贷款公司取得的农户小额贷款利息收入在计算应纳税所得额时减计收入	
23	（三）取得铁路债券利息收入减半征收企业所得税	
24	（四）其他（24.1+24.2）	
24.1	1.取得的社区家庭服务收入在计算应纳税所得额时减计收入	
24.2	2.其他	
25	三、加计扣除（26+27+28+29+30）	450 000.00
26	（一）开发新技术、新产品、新工艺发生的研究开发费用加计扣除（填写 A107012）	450 000.00
27	（二）科技型中小企业开发新技术、新产品、新工艺发生的研究开发费用加计扣除（填写 A107012）	
28	（三）企业为获得创新性、创意性、突破性的产品进行创意设计活动而发生的相关费用加计扣除	
29	（四）安置残疾人员所支付的工资加计扣除	
30	（五）其他	
31	合计（1+17+25）	850 000.00

六、附表六的填报

附表六为捐赠支出纳税调整明细表,其结构如表 5-13 所示。有捐赠支出的纳税人填报本表。本项目中,滨海市东方公司 2019 年发生公益性捐赠支出 18 万元,会计利润为 170 万元,税前扣除限额为 170×12%=20.4 万元。据此可填写捐赠支出调整明细表。没有捐赠支出的纳税人,无须填报此表。

表 5-13 捐赠支出纳税调整明细表

填报时间:2020 年 3 月 15 日　　　　　　　　金额单位:元(列至角分)

行次	项目	账载金额	以前年度结转可扣除捐赠额	按税收规定计算的扣除限额	税收金额	纳税调增金额	纳税调减金额	可结转以后年度扣除的捐赠额
		1	2	3	4	5	6	7
1	一、非公益性捐赠		*	*	*		*	*
2	二、全额扣除的公益性捐赠		*	*		*	*	*
3	其中:扶贫捐赠							
4	三、限额扣除的公益性捐赠(4+5+6+7)	180 000.00		204 000.00	180 000.00			
5	前三年度(　　年)	*		*	*	*		*
6	前二年度(　　年)	*		*	*	*		*
7	前一年度(　　年)	*		*	*	*		*
8	本　　年(　　年)		*				*	
9	合计(1+2+3)	180 000.00		204 000.00	180 000.00			

七、附表七的填报

附表七为广告费和业务宣传费跨年度纳税调整表,其结构如表 5-14 所示,填报纳税人本年发生的全部广告费和业务宣传费支出的有关情况、按税收规定可扣除额、本年结转以后年度扣除额及以前年度累计结转扣除额等。

企业发生的符合条件的广告费和业务宣传费支出,除国务院财政、税务主管部门另有规定外,不超过当年营业收入 15% 的部分准予扣除,超过部分结转以后纳税年度扣除。其中,广告费的条件为:广告是通过工商部门批准的专门机构制作的;已实际支付费用,并取得相应发票;通过一定的媒体传播。

【例 5-9】本项目任务导入的案例中,企业发生的广告费和业务宣传费为 360 万元。

【解析】按当年营业收入的 15% 计算为:(5 600+800)×15%=6 400×15%=960(万元),税法规定,不超过当年营业收入 15% 的部分准予扣除,因此,实际发生额 360 万元可以在税前扣除。广告费和业务宣传费跨年度纳税调整表的填写如表 5-14 所示。

表 5-14 广告费和业务宣传费跨年度纳税调整表

填报时间:2020 年 3 月 15 日　　　　　　　　金额单位:元(列至角分)

行次	项目	金额
1	一、本年支出	3 600 000.00
2	减:不允许扣除的支出	
3	二、本年符合条件的支出(1-2)	3 600 000.00

续表

行次	项目	金额
4	三、本年计算扣除限额的基数	64 000 000.00
5	乘：税法规定扣除率	15%
6	四、本企业计算的扣除限额（4×5）	9 600 000.00
7	五、本年结转以后年度扣除额（当3>6时，本行=3-6；当3≤6时，本行=0）	
8	加：以前年度累计结转扣除额	
9	减：本年扣除的以前年度结转额 [当3>6时，本行=0；当3≤6时，本行=8或（6-3）中的较小值]	
10	六、按照分摊协议归集至其他关联方的金额（10＜3或6中的较小值）	
11	按照分摊协议从其他关联方归集至本企业的广告费和业务宣传费	
12	七、本年支出纳税调整金额（当3>6时，本行=2+3-6+10-11；当3≤6时，本行=2+10-11-9）	
13	八、累计结转以后年度扣除额（7+8-9）	

任务六　企业所得税汇算清缴（二）

一、附表八的填报

附表八为资产折旧、摊销纳税调整明细表，其结构如表 5-15 所示。本表适用于实行查账征收企业所得税的居民纳税人填报。根据《中华人民共和国企业所得税法》及其实施条例、相关税收政策，以及国家统一会计制度的规定，填报固定资产、生产性生物资产、长期待摊费用、无形资产、油气勘探投资、油气开发投资会计处理与税收处理的折旧、摊销，以及纳税调整额。

在实务中，一般企业如按税法规定计提折旧，则无须填写本表。只有执行的折旧方法方式与税法规定有冲突时，才进行此表的填写。

表 5-15　资产折旧、摊销纳税调整明细表

填报时间：2020 年 3 月 15 日　　　　　　　　　金额单位：元（列至角分）

行次	项目	账载金额			税收金额				纳税调整	
		资产账载金额	本年折旧、摊销额	累计折旧、摊销额	资产计税基础	按税收一般规定计算的本年折旧、摊销额	本年加速折旧额	其中：2014年及以后年度新增固定资产加速折旧额	累计折旧、摊销额	金额	调整原因
		1	2	3	4	5	6	7	8	9(2-5-6)	10
1	一、固定资产（2+3+4+5+6+7）										
2	（一）房屋、建筑物										
3	（二）飞机、火车、轮船、机器、机械和其他生产设备										
4	（三）与生产经营活动有关的器具、工具、家具等										
5	（四）飞机、火车、轮船以外的运输工具										
6	（五）电子设备										

续表

行次	项目	账载金额			税收金额				纳税调整	
		资产账载金额	本年折旧、摊销额	累计折旧、摊销额	资产计税基础	按税收一般规定计算的本年折旧、摊销额	本年加速折旧额	其中：2014年及以后年度新增固定资产加速折旧额	累计折旧、摊销额	金额	调整原因
		1	2	3	4	5	6	7	8	9(2-5-6)	10
7	（六）其他										
8	二、生产性生物资产（9+10）						—				
9	（一）林木类						—				
10	（二）畜类						—				
11	三、无形资产（12+13+14+15+16+17+18）						—				
12	（一）专利权						—				
13	（二）商标权						—				
14	（三）著作权						—				
15	（四）土地使用权						—				
16	（五）非专利技术						—				
17	（六）特许权使用费						—				
18	（七）其他						—				
19	四、长期待摊费用（20+21+22+23+24）						—				
20	（一）已足额提取折旧的固定资产的改建支出						—				
21	（二）租入固定资产的改建支出						—				
22	（三）固定资产的大修理支出						—				
23	（四）开办费						—				
24	（五）其他						—				
25	五、油气勘探投资										
26	六、油气开发投资										
27	合计（1+8+11+19+25+26）									—	

二、附表九的填报

附表九为资产减值准备项目调整明细表，其结构如表 5-16 所示。本表适用于实行查账征收企业所得税的居民纳税人填报。根据《中华人民共和国企业所得税法》及其实施条例、相关税收政策，以及国家统一会计制度的规定，填报各项资产减值准备、风险准备等准备金支出，以及会计处理与税收处理差异的纳税调整额。执行《小企业会计准则》的企业，无须填写本表。

表 5-16　资产减值准备项目调整明细表

填报日期：2020 年 3 月 15 日　　　　　　　　金额单位：元（列至角分）

行次	准备金类别	期初余额	本期转回额	本期计提额	期末余额	纳税调整额
		1	2	3	4	5
1	坏（呆）账准备				0.00	0.00
2	存货跌价准备				0.00	0.00

续表

行次	准备金类别	期初余额	本期转回额	本期计提额	期末余额	纳税调整额
		1	2	3	4	5
3	其中：消耗性生物资产减值准备				0.00	0.00
4	持有至到期投资减值准备				0.00	0.00
5	可供出售金融资产减值		—		0.00	0.00
6	短期投资跌价准备				0.00	0.00
7	长期股权投资减值准备				0.00	0.00
8	投资性房地产减值准备				0.00	0.00
9	固定资产减值准备				0.00	0.00
10	在建工程（工程物资）减值准备				0.00	0.00
11	生产性生物资产减值准备				0.00	0.00
12	无形资产减值准备				0.00	0.00
13	商誉减值准备				0.00	0.00
14	贷款损失准备				0.00	0.00
15	矿区权益减值				0.00	0.00
16	其他				0.00	0.00
17	合计	0.00	0.00	0.00	0.00	0.00

三、附表十的填报

附表十为投资收益纳税调整明细表，其结构如表 5-17 所示。本表适用于实行查账征收企业所得税的居民纳税人填报。根据《中华人民共和国企业所得税法》及其实施条例、相关税收政策，以及国家统一企业会计制度的规定，填报会计核算的长期投资收益及其税收处理，以及会计处理与税收处理差异的纳税调整额。

表 5-17 投资收益纳税调整明细表

填报日期：2020 年 3 月 15 日　　　　　　金额单位：元（列至角分）

行次	项目	持有收益			处置收益						纳税调整金额
		账载金额	税收金额	纳税调整金额	会计确认的处置收入	税收计算的处置收入	处置投资的账面价值	处置投资的计税基础	会计确认的处置所得或损失	税收计算的处置所得	纳税调整金额
		1	2	3(2-1)	4	5	6	7	8(4-6)	9(5-7)	10(9-8)	11(3+10)
1	一、交易性金融资产											
2	二、可供出售金融资产											
3	三、持有至到期投资											
4	四、衍生工具											
5	五、交易性金融负债											
6	六、长期股权投资											
7	七、短期投资											
8	八、长期债券投资											
9	九、其他											
10	合计（1+2+3+4+5+6+7+8+9）											

四、附表十一的填报

附表十一为纳税调整项目明细表，其结构如表 5-18 所示。本表适用于会计处理与税法规定不一致需纳税调整的纳税人填报。纳税人根据税法、相关税收政策，以及国家统一会计制度的规定，填报会计处理、税法规定数额，以及纳税调整情况。

表 5-18　纳税调整项目明细表

填报时间：2020 年 3 月 15 日　　　　　　　　　　　　　　　金额单位：元（列至角分）

行次	项　目	账载金额 1	税收金额 2	调增金额 3	调减金额 4
1	一、收入类调整项目 （2+3+4+5+6+7+8+10+11）		—		
2	（一）视同销售收入（填写附表一）		—		—
3	（二）未按权责发生制原则确认的收入				
4	（三）投资收益（填表十）				
5	（四）按权益法核算长期股权投资对初始投资成本调整确认收益				
6	（五）交易性金融资产初始投资调整				
7	（六）公允价值变动净损益				
8	（七）不征税收入				
9	其中：专项用途财政性资金	—			
10	（八）销售折扣、折让和退回				
11	（九）其他				
12	二、扣除类调整项目 （13+14+15+16+17+18+19+20+21+22+23+24+26+27+28+29）	6 654 000.00	6 218 000.00	460 000.00	
13	（一）视同销售成本（填写附表二）	—			
14	（二）职工薪酬	5 594 000.00	5 594 000.00		
15	（三）业务招待费支出	700 000.00	320 000.00	380 000.00	
16	（四）广告费和业务宣传费支出（填写附表七）		—		
17	（五）捐赠支出（填写附表六）	180 000.00	204 000.00		—
18	（六）利息支出	160 000.00	100 000.00	60 000.00	
19	（七）罚金、罚款和被没收财物的损失				
20	（八）税收滞纳金、加收利息	20 000.00		20 000.00	
21	（九）赞助支出				
22	（十）与未实现融资收益相关的在当期确认的财务费用				
23	（十一）佣金和手续费支出				
24	（十二）不征税收入用于支出所形成的费用	—			—

113

续表

行次	项 目	账载金额 1	税收金额 2	调增金额 3	调减金额 4
25	其中：专项用途财政性资金用于支出所形成的费用	—	—		—
26	（十三）跨期扣除项目				
27	（十四）与取得收入无关的支出				
28	（十五）境外所得分摊的共同支出	—	—		
29	（十六）其他				
30	三、资产类调整项目（31+32+33+34）	—	—		
31	（一）资产折旧、摊销（填写附表九）				
32	（二）资产减值准备金				
33	（三）资产损失				
34	（四）其他				
35	四、特殊事项调整项目（36+37+38+39+40）				
36	（一）企业重组				
37	（二）政策性搬迁				
38	（三）特殊行业准备金				
39	（四）房地产开发企业特定业务计算的纳税调整额	—	—		
40	（五）其他				
41	五、特别纳税调整应税所得				
42	六、其他				
43	合计（1+12+30+35+41+42）	—	—	460 000.00	

本表可从横向和纵向两个角度进行分解。从纵向看主要包括"收入类调整项目""扣除类调整项目""资产类调整项目""特殊事项调整项目""特别纳税调整应税所得"和"其他"6 部分内容。从横向看主要包括"账载金额""税收金额""调增金额"和"调减金额"4 部分内容。

> **从业人员经验之谈**
>
> 附表十一中，很多明细项目都可以根据附表填写，尤其在网上填写申报时，只要有关附表中已经填写了相关数据，本表的相应项目就会自动填写相应的数据。即有二级附表的项目只填调增、调减金额，账载金额和税收金额不用再填写。

（一）"收入类调整项目"的填写

"税收金额"减"账载金额"后余额为正数的，填报在"调增金额"中；余额为负数的，将绝对值填报在"调减金额"中。

（二）"扣除类调整项目"和"资产类调整项目"的填写

"账载金额"减"税收金额"后余额为正数的，填报在"调增金额"中；余额为负数的，将其绝对值填报在"调减金额"中。其中，"资产类调整项目"中的大部分项目都是根据其他附表填写的，这里不再赘述。只对常用的"扣除类调整项目"进行分析填写。

1. 职工薪酬

这里的职工薪酬，根据职工薪酬纳税调整明细表填写，主要包括工资薪金支出、职工福利费支出、工会经费和职工教育经费支出。

（1）企业发生的合理的工资薪金支出准予据实扣除，是指企业按照有关规定实际发放的工资薪金总额，而不是应该支付的薪酬，并且不包括企业的三项经费和五险一金支出。

（2）企业发生的职工福利费支出，不超过工资薪金总额14%的部分准予扣除。

（3）企业缴纳的工会经费，不超过工资薪金总额2%的部分准予扣除。

（4）企业发生的职工教育经费支出，不超过工资薪金总额2.5%的部分准予扣除，超过部分准予结转以后纳税年度扣除。

【例5-10】本项目任务导入的案例中，企业发生的合理的工资薪金是360万元，发生的福利费是50.4万元，职工教育经费9万元。

【解析】按企业所得税法的规定，合理的工资薪金是360万元可以全部扣除，福利费的扣除限额为360×14%=50.4（万元），教育经费的扣除限额为360×2.5%=9（万元）。因此，发生的福利费50.4万元、职工教育经费9万元均可据实扣除。

> **从业人员经验之谈**
>
> 企业在计算应纳税所得额时，可根据企业会计账簿中"应付职工薪酬——工资"明细科目的本年借方发生额，全额作为工资、薪金支出在企业所得税税前扣除，一般不需要进行纳税调整。

2. 业务招待费支出

企业发生的与生产经营有关的业务招待费支出，按照发生额的60%扣除，但是最高不得超过当年营业收入的5‰。

【例5-11】本项目任务导入的案例中，实际发生业务招待费70万元。

【解析】按实际发生业务招待费的60%计算为：70×60%=42（万元）；按营业收入的5‰计算为：（5 600+800）×5‰=32（万元），42万元大于32万元，按照扣除最高限额与实际发生额的60%孰低原则，税前扣除限额为32万元，实际要调增应纳税所得额为70-32=38（万元）。具体填列如表5-18第15行所示。

3. 广告费和业务宣传费支出

这里的职工薪酬，根据附表七填写。一般情况下，企业在申报企业所得税时，附表七填完后，该表的这一行会自动生成。

4. 公益性捐赠支出

应先填写附表六。企业发生的公益性捐赠支出，不超过年度利润表中"利润总额"12%的部分，准予扣除。公益性捐赠是指企业通过公益社会团体或者县级（含县级以上人民政府及其部门），用于《中华人民共和国公益事业捐赠法》规定的公益事业的捐赠。

【例5-12】本项目任务导入的案例中，公益性捐赠支出18万元。

【解析】根据税法规定，公益性捐赠的扣除标准为利润总额×12%，即

（5 600+800+40+300-4 000-660-300-500-760-200-150）×12%=20.4（万元）

实际捐赠额为18万元，小于扣除标准20.4万元，可按实捐数扣除，不做纳税调整。

5. 利息支出

税法规定，非金融企业向金融企业借款的利息支出、金融企业的各项存款利息支出和同业拆借利息支出、企业经批准发行债券的利息支出，准予扣除。非金融企业向非金融企业借款的

利息支出，不超过按照金融企业同期同类贷款利率计算的数额的部分，准予扣除。

【例5-13】 本项目任务导入的案例中，企业向非金融机构借款200万元，利率为8%，同期同类银行贷款利率为5%。

【解析】向非金融机构借款的利息支出可以在税前扣除200×5%=10（万元），财务费用中这部分借款是按照200×8%=16（万元）扣除的，因此要调增应纳税所得额=16-10=6（万元）。具体填列如表5-18第18行所示。

6. 罚金、罚款和被没收财物的损失

罚金、罚款和被没收财物的损失可分为两类：一类是企业被国家机关、政府部门处罚而产生的损失，不得在税前扣除，应做纳税调增；另一类是企业之间因违约而产生的损失，允许在税前扣除。

7. 税收滞纳金、加收利息

加收滞纳金与加收利息均属于税务机关做出的经济制裁措施，是针对未按照规定期限缴纳税款行为的一种处罚。不包括银行对企业逾期归还借款的罚息。

【例5-14】 本项目任务导入的案例中，企业缴纳税收滞纳金2万元。

【解析】企业缴纳的税收滞纳金2万元，税法规定税前不得扣除，要调增应纳税所得额2万元。具体填列如表5-18第20行所示。

8. 赞助支出

赞助支出不允许税前扣除，应将"账载金额"全部进行纳税调整。

五、主表的填报

本表为年度纳税申报表主表，企业应该根据《中华人民共和国企业所得税法》及其实施条例、相关税收政策，以及国家统一会计制度（企业会计准则、小企业会计准则、企业会计制度、事业单位会计准则和民间非营利组织会计制度等）的规定，计算填报纳税人利润总额、应纳税所得额、应纳税额和附列资料等有关项目。

企业在计算应纳税所得额及应纳所得税时，企业财务、会计处理办法与税法规定不一致的，应当按照税法规定计算。税法规定不明确的，在没有明确规定之前，暂按企业财务、会计规定计算。

（一）主表的结构

如表5-19所示，主表主要包括表头和正表两部分，正表内容包括"利润总额计算""应纳税所得额计算""应纳税额计算""附列资料"四部分。

（二）主表的填写

主表的大部分内容是根据附表取数，填写相对简单。一般情况下，企业都在填写完附表后再填写主表。结合以上导入案例的分析，本表的具体填写如表5-19所示。

表5-19 中华人民共和国企业所得税年度纳税申报表（A类）

税款所属期间：2019年度　　　　　　　　　　　　　　　　　　纳税人名称：滨海市东方有限公司
纳税人识别号：320103001119928　　　　　　　　　　　　　　　金额单位：元（列至角分）

行次	类别	项目	金额
1	利润总额计算	一、营业收入（填附表一）	64 000 000.00
2		减：营业成本（填附表二）	46 600 000.00
3		税金及附加	3 000 000.00
4		销售费用（填附表三）	5 000 000.00
5		管理费用（填附表三）	7 600 000.00

续表

行次	类别	项 目	金 额
6		财务费用（填附表三）	2 000 000.00
7		资产减值损失	
8		加：公允价值变动收益	
9	利润总额计算	投资收益	400 000.00
10		二、营业利润(1-2-3-4-5-6-7+8+9)	200 000.00
11		加：营业外收入（填附表一）	3 000 000.00
12		减：营业外支出（填附表二）	1 500 000.00
13		三、利润总额（10+11-12）	1 700 000.00
14		减：境外所得	
15		加：纳税调整增加额（附表十一）	460 000.00
16		减：纳税调整减少额（附表十一）	
17		减：免税、减计收入及加计扣除（附表五）	850 000.00
18		加：境外应税所得抵减境内亏损	
19		四、纳税调整后所得（13-14+15-16-17+18）	1 310 000.00
20		减：所得减免	
21		减：抵扣应纳税所得额	
22		减：弥补以前年度亏损（填附表四）	
23	应纳税所得额计算	五、应纳税所得额（19-20-21-22）	1 310 000.00
24		税率（25%）	25%
25		六、应纳所得税额（23×24）	327 500.00
26		减：减免所得税额	
27		减：抵免所得税额	
28		七、应纳税额（25-26-27）	327 500.00
29		加：境外所得应纳所得税额	
30		减：境外所得抵免所得税额	
31		八、实际应纳所得税额（28+29-30）	327 500.00
32		减：本年累计实际已预缴的所得税额	300 000.00
33		九、本年应补（退）所得税额（31-32）	27 500.00
34		其中：总机构分摊本年应补（退）所得税额	
35		财政集中分配本年应补（退）所得税额	
36		总机构主体生产经营部门分摊本年应补（退）所得税额	

【专项训练】

一、单项选择题

1. 以下属于企业所得税纳税人的是（　　）。
   A．个人独资企业　　B．合伙企业　　C．一人有限责任公司　　D．居民个人
2. 国家需要重点扶持的高新技术企业，减按（　　）的税率征收企业所得税。
   A．10%　　　　B．12%　　　　C．15%　　　　D．20%

3. 国家重点扶持的某高新技术企业，2017 年亏损 15 万元，2018 年亏损 10 万元，2019 年盈利 125 万元。根据企业所得税法的规定，该企业 2020 年应纳企业所得税税额为（   ）万元。

    A．18.75   B．17.25   C．15   D．25

4. 企业应当自季度终了之日起（   ）日内，向税务机关报送预缴企业所得税申报表，预缴税款。

    A．10   B．15   C．7   D．5

5. 某公司 2014 年亏损 20 万元，2015 年盈利 12 万元，2016 年亏损 1 万元，2017 年盈利 4 万元，2018 年亏损 5 万元，2019 年盈利 40 万元。该公司 2014—2019 年总计应缴纳的企业所得税税额是（   ）万元（该公司适用的所得税税率为 25%）。

    A．8.5   B．3.5   C．7.5   D．14

6. 纳税人在年终汇算清缴时，少缴的所得税税额应在下一年度内缴纳，多缴的所得税税额应（   ）。

    A．在下一年度内抵缴   B．由征税机关退还
    C．不予抵缴   D．不予退还

7. 企业所得税的纳税人在计算应纳税所得额时提取的职工工会经费、职工福利费和职工教育经费，可以分别按照计税工资总额的（   ）计算扣除。

    A．2%、1.5%、1.4%   B．5%、14%、1.5%
    C．2%、14%、8%   D．5%、10%、15%

8. 纳税企业（具备高新技术企业资格）某年度发生亏损，可用下年度应税所得额弥补，一年弥补不足的，可连续弥补，但连续弥补期限最长不超过（   ）。

    A．3 年   B．10 年   C．5 年   D．15 年

9. 企业所得税的年终汇算清缴时间是（   ）。

    A．年终后 2 个月内进行   B．年终后 3 个月内进行
    C．年终后 4 个月内进行   D．年终后 5 个月内进行

10. 某外国公司在中国设立分支机构，其来源于中国境内的与分支机构没有联系的所得缴纳企业所得税的税率是（   ）。

    A．20%   B．25%   C．30%   D．33%

11. 企业发生的公益性捐赠支出，在年度利润总额（   ）以内的部分，准予在计算应纳税所得额时扣除。

    A．10%   B．12%   C．15%   D．20%

12. 下列各项中，属于企业所得税基本税率的是（   ）。

    A．20%   B．25%   C．30%   D．33%

13. 某公司 2019 年实现的利润总额为 530 万元，适用的所得税税率为 25%，其中国债利息收入 10 万元，营业外支出中含支付的税收滞纳金 20 万元。假定无其他纳税调整事项，则该公司 2019 年实际应纳所得税额为（   ）万元。

    A．132   B．130   C．135   D．127.5

14. 下列不属于企业所得税征税对象详细内容的是（   ）。

    A．销售货物   B．提供劳务   C．转让财产   D．国债利息收入

二、多项选择题

1. 下面不是企业所得税纳税人的是（   ）。

    A．个人独资企业   B．合伙企业

C. 私营有限责任公司 D. 个体工商户

2. 依据企业所得税法的规定，判定居民企业的标准有（　　）。
   A. 登记注册地标准 B. 所得来源地标准
   C. 经营行为实际发生地标准 D. 实际管理机构所在地标准

3. 下列各项中，属于现行企业所得税税率的有（　　）。
   A. 15%　　B. 20%　　C. 25%　　D. 10%

4. 下列各项中，属于所得税税款征收方式的有（　　）。
   A. 查账征收　　B. 查验征收　　C. 核定征收　　D. 查定征收

5. 下列选项中，不得从应纳税所得额中扣除的项目有（　　）。
   A. 罚金　　B. 诉讼费　　C. 租金　　D. 税收滞纳金

6. 根据税收优惠表，下列属于免税收入的是（　　）。
   A. 国债利息收入
   B. 符合条件的居民企业之间的股息、红利等权益性投资收益
   C. 符合条件的非营利组织收入
   D. 销售收入

7. 核定征收适用于（　　）。
   A. 账册不健全
   B. 不能提供完整、准确的收入及成本、费用证明
   C. 会计机构健全
   D. 不能正确计算应纳税所得额的企业

8. 企业所得税月（季）度预缴纳税申报表（A类），从从横向看，正表部分包括的四部分应（　　）。
   A. 根据申报当期利润表的信息填列
   B. 根据上一纳税年度应纳税所得额的平均额预缴
   C. 按照税务机关确定的其他方法预缴
   D. 由总分支机构纳税人填写

9. 企业所得税纳税义务人分为（　　）。
   A. 个体企业　　B. 合伙企业　　C. 居民企业　　D. 非居民企业

10. 企业所得税实行比例税率，主要有（　　）。
    A. 超额累进税率　　B. 基本税率　　C. 低税率　　D. 优惠税率

三、判断题

1. 企业所得税的纳税年度，自公历1月1日起至12月31日止。（　　）
2. 查账征收方式适用于财务会计制度较为健全、能够认真履行纳税义务的纳税单位。（　　）
3. 对于设置了账簿的企业，税务机关应当采用查账征收的方式征收税款。（　　）
4. 企业所得税按年计征，分期预缴，年终汇算清缴，多退少补。（　　）
5. 企业的会计利润就是应纳税所得额。（　　）
6. 实务中，所有的一般纳税人和大部分小规模纳税人都是以核定征收方式预缴企业所得税的。（　　）
7. 企业在纳税年度内如果产生亏损，则不需要按规定期限报送所得税资料。（　　）
8. 企业发生的开发新技术的研究开发费用在计算应纳税所得额时可以加计扣除。（　　）
9. 根据企业所得税法及其实施条例的规定，财政补贴为不征税收入。（　　）

10. 符合条件的小型微利企业适用的所得税税率为10%。（   ）

四、计算题

1. 某企业的企业所得税税率为25%，假定2020年年初，向税务机关报送2019年度企业所得税申报表，表中填报的产品销售收入为900万元（没有其他业务收入），减除成本、费用、税金后，利润总额为300万元。经查账核实有以下几项支出：

（1）企业职工总数为70人，全年工资薪金总额60万元（均为合理的工资薪金支出）。

（2）企业发生的职工福利费、教育经费、工会经费共13万元，已列支。

（3）企业发生通过公益部门的捐赠20万元，已列支。

（4）企业全年发生业务招待费8万元，已列支。

（5）企业建造职工宿舍费用20万元，已列支。

要求：计算该企业2019年度应缴纳的企业所得税。

2. 某家电生产企业为增值税一般纳税人，2019年度有员工1 000人。企业全年实现收入总额8 000万元，扣除成本、费用、税金和损失后总额为7 992万元，实现利润总额8万元，已缴纳企业所得税2万元。后经聘请的会计师事务所审计，发现有关税收问题如下：

（1）收入总额8 000万元中含国债利息收入7万元、金融债券利息收入20万元、从被投资公司分回的税后股息38万元。

（2）当年1月向银行借款200万元购建固定资产，借款期限为1年。购建的固定资产尚未完工，企业支付给银行的年利息费用共计12万元，全部计入了财务费用核算。

（3）12月份转让一项无形资产的所有权，取得收入60万元未做收入处理，该项无形资产的净值35万元也未转销（不考虑转让税费）。

（4）"营业外支出"账户中，列支上半年缴纳的税收滞纳金3万元、银行借款超期的罚息6万元、给购货方的回扣12万元、意外事故损失8万元、非广告性赞助10万元，全都如实做了扣除。

要求：计算该企业应补缴的企业所得税。

五、业务题

某生产企业2019年度生产经营情况如下：

（1）取得主营业务收入总额5 500万元；

（2）取得企业债券利息收入85万元；

（3）可以扣除的主营业务成本1 280万元；

（4）本年度应纳主营业务税金及附加1 400万元；

（5）发生营业费用180万元，其中广告费120万元；

（6）发生管理费用220万元，其中业务招待费55万元；

（7）发生财务费用150万元，包括逾期未还银行流动资金贷款的违约罚息5万元及一条在建生产线贷款利息33万元；

（8）本年企业通过希望工程基金会捐款100万元。

已知该企业适用企业所得税税率为25%。

要求：

（1）计算该企业本年度应纳企业所得税税额。

（2）根据以上计算结果编制企业申报和缴纳企业所得税的会计分录。

项目六

个人所得税实务

【项目引领】

王强,现任滨海市东方有限公司技术总监,公司代扣代缴工资所得个税、社保费用和住房公积金,身份证号为372330××××××××3796。有年过六旬的父母需要自己赡养,独生子正在上大学,无其他符合个税规定条件的需扣除事项。2019年全年和2020年1月分别取得以下收入。

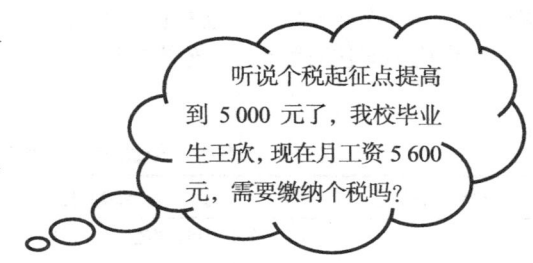

> 听说个税起征点提高到5 000元了,我校毕业生王欣,现在月工资5 600元,需要缴纳个税吗?

(一)2019年取得的收入

(1)全年取得税前工资薪金收入共计166 000元,所在企业2019年度已经预扣预缴个人所得税1 752元,个人负担的社保费用和住房公积金合计18 960元。

(2)2019年3月,将其拥有的两套住房中的一套出售,出售的房屋于2010年8月以40万元购入,现以55万元转让给他人,售房过程中发生相关税费35 000元。

(3)2019年6月,为某公司提供技术咨询服务,取得收入4 500元。

(4)2019年11月,在某杂志上发表一篇文章,获得稿费3 000元。

(5)2019年12月,将一套三居室的住房出租,出租后仍然用于居住,月租金5 500元,当月支付房屋修缮费500元。

(二)2020年1月取得的收入

当月工资收入为8 000元,企业扣除了王强个人负担的养老保险640元,医疗保险160元,失业保险80元,住房公积金800元(工伤保险和生育保险个人无须缴纳),当月奖金2 000元;2019年第四季度奖金2 200元;2019年年终奖52 400元。

思考:针对以上业务,王强取得的哪些收入需要缴纳个人所得税?每次取得收入时应该怎样计算纳税?其2019年和2020年1月的个人所得税应该如何计算并申报缴纳?

任务一 个人所得税纳税人和征税范围的确定

【知识准备】

个人所得税是以自然人取得的各类应税所得为征税对象而征收的一种所得税。

一、个人所得税的纳税义务人

个人所得税的纳税义务人是指符合税法规定的个人，包括中国公民、个体工商户、个人独资企业、合伙企业投资者、在中国有所得的香港、澳门、台湾同胞和外籍个人等。

按住所和居住时间标准，分为居民个人和非居民个人，分别承担不同的纳税义务，如表6-1所示。

表6-1 居民纳税人和非居民纳税人的纳税义务

纳税人分类	判断标准	纳税义务
居民个人	（1）在中国境内有住所的个人 （2）在中国境内无住所，但是一个纳税年度在中国境内居住累计满183天的个人	负无限纳税义务，就其来源于中国境内外的所得，向中国缴纳个人所得税
非居民个人	（1）在中国境内无住所且不居住的个人 （2）在中国境内无住所且一个纳税年度在中国境内居住累计不满183天的个人	负有限纳税义务，仅就其来源于中国境内的所得，向中国缴纳个人所得税

以上关于"中国境内"的概念，是指中国大陆地区，目前还不包括香港、澳门和台湾地区。

二、个人所得税的扣缴义务人

扣缴义务人是指向个人支付应纳税所得的单位或者个人。扣缴义务人在向纳税人支付工资等各项应税款项时，应当按照个人所得税法规定预扣或者代扣税款，按时缴库，并专项记载备查。

【思考与练习】

鼎顺服装厂在支付职工工资时，均未按照税法规定代扣代缴个人所得税。按照税收征管法要求，作为扣缴义务人，该企业应当承担什么责任？可能会受到什么处罚？

扣缴义务人相关责任

扣缴义务人应扣未扣、应收而不收税款的，由税务机关向纳税人追缴税款，对扣缴义务人处以应扣未扣、应收未收税款50%以上3倍以下的罚款。

三、个人所得税的征税范围

个人所得税以所得额为计税依据,个人所得税的征税范围如表 6-2 所示。

表 6-2　个人所得税的征税范围

征 税 项 目	具 体 规 定
1. 工资薪金所得	个人因任职或者受雇而取得的工资薪金、奖金、年终加薪、劳动分红、津贴、补贴,以及与任职或者受雇有关的其他所得
2. 劳务报酬所得	个人从事设计、装潢、安装、制图、化验、测试、医疗、法律、会计、咨询、讲学、翻译、审稿、书画、雕刻、影视、录音、录像、演出、表演、广告、展览、技术服务、介绍服务、经纪服务、代办服务及其他劳务所得
3. 稿酬所得	个人因其作品以图书、报刊形式出版、发表而取得的所得
4. 特许权使用费所得	个人提供专利权、商标权、著作权、非专利技术及其他特许权的使用权取得的所得;提供著作权的使用权取得的所得,不包括稿酬所得
5. 经营所得	个体工商户从事生产、经营活动取得的所得,个人独资企业投资人和合伙企业的合伙人来源于投资或合伙企业的所得,个人依法从事办学、医疗、咨询及其他有偿服务活动取得的所得,个人对企业、事业单位承包经营、承租经营及转包、转租取得的所得,个人从事其他生产经营活动取得的所得
6. 利息、股息、红利所得	个人拥有债权、股权而取得的利息、股息、红利所得
7. 财产租赁所得	个人出租建筑物、土地使用权、机器设备、车船及其他财产所得
8. 财产转让所得	个人转让有价证券、股权、合伙企业中的财产份额、不动产、机器设备、车船及其他财产取得的所得
9. 偶然所得	个人得奖、中奖、中彩及其他偶然性质的所得

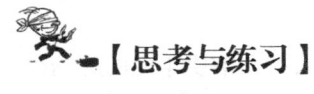

【思考与练习】

某学校教务处郑主任 2021 年就要退休了,请问在办理正式退休后,其每月发放的退休工资是否还是作为工资薪金所得扣缴个人所得税?

任务二　个人所得税税额计算

【知识准备】

一、个人所得税的税率

我国的个人所得税的计算采用超额累进税率和比例税率两种计算方法,如表 6-3 所示。

表 6-3　个人所得税税率

税　率		使 用 范 围
超额累进税率	3%～45%的七级税率	综合所得,包括:工资薪金所得,劳务报酬所得,稿酬所得,特许权使用费所得
	5%～35%的五级税率	经营所得
比例税率	20%的比例税率	财产租赁所得、财产转让所得、利息/股息/红利所得、偶然所得

二、应纳税所得额的规定

个人所得税应税项目不同,取得某项收入所需费用也不相同,所以个人的应纳税所得额应按照不同的应税项目分项计算。以某项应税项目的收入额减去税法规定的该项目费用减除标准后,余额即为该项目应纳税所得额。

(一)每次收入的确定

个人所得税的征税方法有三种:一是按年计征,如经营所得、居民个人的综合所得;二是按月计征,如非居民个人取得的工资薪金所得;三是按次计征,如财产租赁所得,利息、股息、红利所得,偶然所得。在按次征收时,扣除费用的计算要根据每次应纳税所得额的大小,分别采用定额扣除和定率扣除两种标准。因此,准确划分每次收入,十分重要。

(1)财产租赁所得,以一个月内取得收入为一次。

(2)利息、股息、红利所得,以支付利息、股息、红利时取得的收入为一次。

(3)偶然所得,以每次收入为一次。

(二)应纳税所得额和费用减除标准

(1)居民个人取得综合所得,以每年收入额减除费用 60 000 元及专项扣除、专项附加扣除和依法确定的其他扣除后,余额为应纳税所得额。

① 专项扣除,包括居民个人按照国家规定的范围和标准缴纳的基本养老保险、基本医疗保险、失业保险等社会保险费和住房公积金等。

② 专项附加扣除,包括子女教育、继续教育、大病医疗、住房贷款利息或者住房租金、赡养老人等支出。

③ 依法确定的其他扣除,包括个人缴付符合国家规定的企业年金、职业年金,个人购买的符合国家规定的商业健康保险、税收递延型商业养老保险的支出,以及国务院规定可以扣除的其他项目。

④ 专项扣除、专项附加扣除和依法确定的其他扣除,以居民个人一个纳税年度的应纳税所得额为限额;当年没有扣除完毕的,不结转以后年度扣除。

(2)非居民个人的工资薪金所得,以每月收入额减除费用 5 000 元后的余额为应纳税所得额;劳务报酬所得、稿酬所得、特许权使用费所得,以每次收入额为应纳税所得额。

(3)经营所得,以每一纳税年度的收入总额减除成本、费用及损失后的余额,为应纳税所得额。取得经营所得的个人,没有综合所得的,在计算每一纳税年度的应纳税所得额时,应当减除费用 60 000 元、专项扣除、专项附加扣除及依法确定的其他扣除。

(4)财产租赁所得,每次收入不超过 4 000 元的,减除费用 800 元;4 000 元以上的,减除 20%的费用,其余额为应纳税所得额。

(5)财产转让所得,以转让财产的收入额减除财产原值和合理费用后的余额,为应纳税所得额。

(6)利息、股息、红利所得和偶然所得,以每次收入额为应纳税所得额。

(7)专项附加扣除标准

专项附加扣除目前包含子女教育、继续教育、大病医疗、住房贷款利息或者住房租金、赡养老人等 6 项支出,取得综合所得和经营所得的居民个人可以享受专项附加扣除。

① 子女教育。

纳税人年满 3 岁的子女接受学前教育和学历教育的相关支出,按照每个子女每月 1 000 元(每年 12 000 元)的标准扣除。父母可以选择由其中一方按照扣除标准的 100%扣除,也可以选择由双方分别按照扣除标准的 50%扣除。

② 继续教育。

纳税人在境内接受学历（学位）继续教育的支出，期间按照每月 400 元（每年 4 800 元）定额扣除，同一学历（学位）教育扣除期限不得超过 48 个月。纳税人接受技能人员职业资格继续教育、专业技术人员职业资格教育支出，在取得相关证书的当年，按照 3 600 元定额扣除。

③ 大病医疗。

在一个纳税年度内，纳税人发生的与基本医保相关的医药费用支出，扣除医保报销后个人负担（在医保目录范围内的自付部分）累计超过 15 000 元的部分，由纳税人在办理年度汇算清缴时，在 80 000 元限额内据实扣除。

④ 住房贷款利息。

纳税人本人或者配偶，单独或共同使用商业银行或住房公积金个人住房贷款，为本人或配偶购买中国境内住房，发生的首套住房贷款利息支出，在还贷期间，按照每月 1 000 元（每年 12 000 元）标准扣除。扣除期限最长不超过 240 个月（20 年）。

所谓首套住房贷款，是指购买住房享受首套住房贷款利率的住房贷款。

⑤ 住房租金。

纳税人在主要工作城市没有自有住房而发生的住房租金支出，可以按照以下标准扣除：

直辖市、省会城市、计划单列市及国务院确定的其他城市，扣除标准为每月 1 500 元；上述所列城市之外，市辖区户籍人口超过 100 万的城市，扣除标准为每月 1 100 元；市辖区户籍人口不超过 100 万的城市，扣除标准为每月 800 元。

⑥ 赡养老人。

纳税人赡养一位及以上被赡养人的相关支出，按照以下标准扣除：

纳税人为独生子女的，按照每月 2 000 元的标准定额扣除；非独生子女，由其与兄弟姐妹分摊每月 2 000 元的扣除额度，每人分摊的额度最多不得超过每月 1 000 元。

所称被赡养人是指年满 60 周岁的父母，以及子女均已去世的年满 60 周岁的祖父母、外祖父母。

【思考与练习】

学校陈老师为高级教师，每月工资总额为 13 500 元。每月需缴纳个人负担的社保费用和住房公积金 3 200 元，有一个孩子正在读博士研究生，还有年近八旬的父母需要自己赡养。目前还有住房贷款利息支出 1 500 元，但并非首套住房贷款。无其他扣除事项。请计算，陈老师每月预扣个税时，工资收入的应纳税所得额是多少？

三、个人所得税应纳税额的计算

（一）居民个人综合所得应纳税额的计算

首先，工资薪金所得全额计入收入额；而劳务报酬所得、特许权使用费所得的收入额为实际取得收入的 80%；稿酬所得的收入额在扣除 20%费用的基础上，再减按 70%计算，即稿酬所得收入额为实际取得稿费收入的 56%。

其次，居民个人的综合所得，以每一纳税年度的收入额减除费用 6 万元及专项扣除、专项附加扣除和依法确定的其他扣除的余额，为应纳税所得额。

1. 综合所得应纳税额的计算

（1）适用税率。

居民个人综合所得适用七级超额累进税率，如表 6-4 所示。

表 6-4 综合所得个人所得税税率表

级数	全年应纳税所得额	税率（%）	速算扣除数（元）
一	不超过 36 000 元的部分	3	0
二	超过 36 000 元至 144 000 元的部分	10	2 520
三	超过 144 000 元至 300 000 元的部分	20	16 920
四	超过 300 000 元至 420 000 元的部分	25	31 920
五	超过 420 000 元至 660 000 元的部分	30	52 920
六	超过 660 000 元至 960 000 元的部分	35	85 920
七	超过 960 000 元的部分	45	181 920

（2）税额计算。

在确定应纳税所得额后，居民个人综合所得应纳税额的计算公式为：

应纳税额=全年应纳税所得额×适用税率-速算扣除数

=（全年收入额-60 000 元-社保及住房公积金费用-享受的专项附加扣除-享受的其他扣除）×适用税率-速算扣除数

> **全员全额扣缴申报纳税**
>
> 税法规定，扣缴义务人向个人支付应税款项时，应当按照规定预扣或者代扣税款，按时缴库。实行全员全额扣缴申报的应税所得包括工资薪金所得、劳务报酬所得、稿酬所得、特许权使用费所得、利息股息红利所得、财产租赁所得、财产转让所得、偶然所得。

【例 6-1】 项目六【项目引领】中的案例，2020 年 1 月，王强取得当月工资收入 8 000 元，每月缴纳社保费用和住房公积金合计 1 680 元；当月奖金 2 000 元；2019 年第四季度奖金 2 200 元。计算该居民个人的工资薪金扣缴义务人 2020 年 1 月的预扣税款金额。

【解析】 王强取得的当月奖金 2 000 元、2019 年第四季度奖金 2 200 元应与工资薪金收入 8 000 元合并计算，由本单位代扣代缴个人所得税。该纳税人可以享受的专项附加扣除为子女教育和赡养老人支出，标准扣除定额分别为 1 000 元和 2 000 元。月基本减除费用为 5 000 元。

1 月的应纳税所得额=8 000+2 000+2 200-5 000-1 680-1 000-2 000=2 520（元）

通过查表得知，月应纳税所得额 2 520 元适用第一级税率 3%，则：

1 月应预扣预缴个人所得税额=2 520×3%=75.6（元）

> **从业人员经验之谈**
>
> 员工取得除全年一次性奖金以外的其他各种名目的奖金，如半年奖、季度奖、加班奖、先进奖、考勤奖等，一律与当月工资薪金所得合并，按税法规定的工资薪金所得缴纳个人所得税。

【例 6-2】 项目六【项目引领】中的案例，王强在 2019 年度累计取得工资薪金收入 166 000 元，所在企业 2019 年度已经预扣预缴个人所得税 1 752 元。此外，还对外提供技术咨询服务一次，取得收入 4 500 元；发表一篇文章获得稿费 3 000 元。以上收入属于综合所得，应在本年度内合并计算个人所得税。请计算王强在 2019 年度综合所得应缴纳税额及补（退）缴税额。

【解析】 工资薪金收入 166 000 元应全额计入收入额；提供技术咨询收入属于劳务所得，4 500 元以上应减除 20%的费用，并由支付劳务费单位预扣预缴个人所得税；稿费收入 3 000 元应减除费用 800 元，并减按 70%计入收入，由支付稿费单位预扣预缴个人所得税。基本减除费用为 60 000 元，此外还要扣除社保费用和住房公积金 18 960 元，以及子女教育和赡养老人的专项附加扣除。

稿酬收入预扣预缴税额=(3 000-800)×70%×20%=308（元）
劳务报酬收入预扣预缴税额=4 500×(1-20%)×20%=720（元）
2019 年应税综合所得=166 000+4 500×80%+（3 000-800）×70%-60 000-18 960-12 000-24 000=56 180（元）
2019 年综合所得应纳税额=56 180×10%-2 520=3 098（元）
2019 年综合所得预扣预缴税额=1 752+308+720=2 780（元）
2019 年综合所得应补缴税额=3 098-2 780=318（元）

2. 全年一次性奖金应纳税额的计算

居民个人取得全年一次性奖金，在 2021 年 12 月 31 日前，可选择不并入当年综合所得，按以下计税办法，由扣缴义务人在发放时代扣代缴。自 2022 年 1 月 1 日起，居民个人取得全年一次性奖金，应并入当年综合所得计算缴纳个人所得税。

全年一次性奖金

全年一次性奖金是指行政机关、企事业单位等扣缴义务人，根据全年经济效益和业绩考核情况，向雇员发放的一次性奖金。一次性奖金也包括年终加薪、实行年薪制和绩效工资办法的单位根据考核情况兑现的年息和绩效工资。

具体计算办法：将居民个人取得全年一次性奖金，除以 12 个月，按其商数依照按月换算的综合所得税率表确定适用税率和速算扣除数。在一个纳税年度内，对每一个纳税人，该办法只允许使用一次。表 6-5 为按月换算后的综合所得税率表。

表 6-5 按月换算后的综合所得税率表

级数	月应纳税所得额	税率	速算扣除数（元）
一	不超过 3 000 元的部分	3%	0
二	超过 3 000 元至 12 000 元的部分	10%	210
三	超过 12 000 元至 25 000 元的部分	20%	1 410
四	超过 25 000 元至 35 000 元的部分	25%	2 660
五	超过 35 000 元至 55 000 元的部分	30%	4 410
六	超过 55 000 元至 80 000 元的部分	35%	7 160
七	超过 80 000 元的部分	45%	15 160

【例 6-3】项目六【项目引领】中的案例，2020 年 1 月，王强一次性领取 2019 年年终含税奖金 52 400 元。计算该居民个人取得年终奖应缴纳的个人所得税金额。

【解析】年终奖适用的税率和速算扣除数：按照 12 个月分摊后，每月的奖金=52 400÷12=4 366.67（元），根据按月换算后的综合所得税率表，适用税率和速算扣除数分别是 10%、210 元。

年终奖应缴纳个人所得税税额=52 400×10%-210=5 030（元）

（二）经营所得应纳税额的计算

经营所得应纳税额的计算公式为：

应纳税额=全年应纳税所得额×适用税率-速算扣除数
　　　　=（全年收入总额-成本、费用及损失）×适用税率-速算扣除数

经营所得适用 5%~35% 的超额累进税率，具体如表 6-6 所示。

表 6-6　经营所得个人所得税税率表（含速算扣除数）

级数	全年应纳税所得额	税率	速算扣除数（元）
一	不超过 30 000 元的部分	5%	0
二	超过 30 000 元至 90 000 元的部分	10%	1 500
三	超过 90 000 元至 300 000 元的部分	20%	10 500
四	超过 300 000 元至 500 000 元的部分	30%	40 500
五	超过 500 000 元的部分	35%	65 500

> **从业人员经验之谈**
>
> （1）每次收入额的确定依据：只有一次收入的，以取得该项收入为一次；属于同一事项连续取得收入的，以一个月内取得收入为一次。
>
> （2）"兼职收入"属于劳务收入的一部分，它与工资收入的最大区别在于：兼职人员与兼职单位不存在雇佣关系，但是也按照综合所得来计算个人所得税，一般由兼职单位作为扣缴义务人，预扣预缴个人所得税。

【例 6-4】 个体工商户张翔经营货运业务，账册凭证完善，2019 年 12 月取得经营收入 320 000 元，可以扣除的当月成本、费用及税金共计 250 600 元。1—11 月累计应纳税所得额为 88 400 元（未扣除业主费用减除标准），累计已预缴个人所得税 8 200 元。可以享受的专项附加扣除为赡养老人和独生子教育两项。不考虑其他扣除，计算该纳税人 2019 年度应缴纳的个人所得税税额，以及当年应补（退）税额。

【解析】取得经营所得的个人，如果没有综合所得，则可以享受基本扣除、专项扣除和专项附加扣除。

全年应纳税所得额=320 000-250 600+88 400-60 000-24 000-12 000=61 800（元）

全年应缴纳个人所得税=61 800×10%-1 500=4 680（元）

应申请的个人所得税退税额=8 200-4 680=3 520（元）

（三）其他所得应纳税额的计算

财产租赁所得、财产转让所得、利息股息红利所得及偶然所得，也需要计算缴纳个人所得税。这些个人所得项目应纳税额的计算适用比例税率。实务中，以上所得个人所得税的适用税率是 20%，并且有针对不同项目扣除一定费用或不扣除费用的详细规定，如表 6-7 所示。

（财产转让所得与利息、股息、红利、偶然所得的计税方法）

表 6-7 统一比例税率

所得项目	费用扣除	统一税率
财产租赁所得	1. 每次收入不足 4 000 元的，减除费用 800 元 2. 每次收入在 4 000 元以上的，减除 20%的费用	20%
财产转让所得	转让财产的收入减除财产原值和合理费用后的余额	
利息股息红利所得、偶然所得、其他所得	无费用扣除，全额征收	

> **知识拓展——住房出租与出售个人所得税政策**
>
> 个人按市场价格出租的居民住房所得，减按 10%的税率征收个人所得税。财产租赁所得要在扣除修缮费用及准予扣除项目的基础上进行扣除，允许扣除的修缮费用，以每次 800 元为限。
>
> 个人转让自用达 5 年以上并且是唯一的家庭居住用房取得的所得免征个人所得税。

【例 6-5】项目六【项目引领】中的案例，2019 年 12 月，王强将一套三居室的住房出租，出租后仍然用于居住，月租金为 5 500 元，当月支付房屋修缮费 500 元。计算王强在 12 月租金收入应缴纳的个人所得税（不考虑其他税费）。

【解析】财产租赁所得以每月取得的收入为一次，每次收入在 4 000 元以上的，减除 20%的费用。当月发生修缮费 500 元可以全部扣除。按市场价格出租给个人居住适用 10%的税率，则该纳税人 12 月租金收入的应纳税额为：

12 月应纳税额=（5 500-500）×（1-20%）×10%=400（元）

本案例在计算个人所得税时未考虑其他税费。如果对租金收入计征增值税、城市维护建设税、教育费附加、地方教育费附加、房产税等，则应将其从税前收入中先扣除后再计算应缴纳的个人所得税。

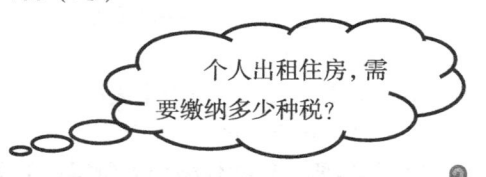

> **知识回顾与拓展**
>
> 个人按市场价格出租的居民住房，应按照 5%的征收率减按 1.5%计算征收增值税，并在此增值税税额的基础上缴纳城市维护建设税、教育费附加、地方教育费附加。个人出租住房，不分用途，按照 4%的税率征收房产税。

【例 6-6】项目六【项目引领】中的案例，2019 年 3 月，王强将其拥有的两套住房中的一套转让，转让的房屋于 2010 年 8 月以 40 万元购入，现以 55 万元出售给他人，发生相关税费为 35 000 元。

【解析】王强转让的房屋获得 55 万元的收入属于财产转让所得，购入时的原值是 40 万元，相关税费为 35 000 元，则转让房屋应纳税额为：

应纳税额=（财产转让收入-财产原值-合理费用）×20%
＝（55-40-3.5）×20%=2.3（万元）

任务三　个人所得税会计核算

【知识准备】

一、自行申报个人所得税的会计处理

对采用自行申报个人所得税的纳税人，除实际查账征收的个体工商户外，一般不需要进行会计处理。

实际查账征收的个体工商户，其应缴纳的个人所得税，进行如下账务处理。
（1）计提时：
借：留存利润
　　贷：应交税费——应交个人所得税
（2）实际缴纳时：
借：应交税费——应交个人所得税
　　贷：银行存款

二、代扣代缴个人所得税的会计处理

1. 工资薪金所得代扣代缴个人所得税的会计处理
（1）计提时：
借：应付职工薪酬
　　贷：应交税费——应交个人所得税
（2）实际缴纳时：
借：应交税费——应交个人所得税
　　贷：银行存款
2. 其他所得代扣代缴个人所得税的会计处理
（1）计提时：
借：应付债券/应付股利/应付账款/其他应付款等
　　贷：应交税费——应交个人所得税
（2）实际缴纳时：
借：应交税费——应交个人所得税
　　贷：银行存款

任务四　个人所得税纳税申报

【知识准备】

个人所得税的纳税申报方式主要有两种：一是自行申报纳税，二是全员全额扣缴申报纳税。

一、自行申报纳税

自行申报纳税，是由纳税人自行在税法规定的纳税期限内，向税务机关申报取得的应税所得项目和数额，如实填写个人所得税纳税申报表，并按照税法的规定计算应纳税额，据此缴纳个人所得税的方法。

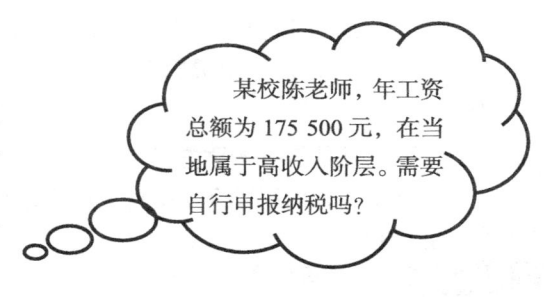

> 某校陈老师，年工资总额为 175 500 元，在当地属于高收入阶层。需要自行申报纳税吗？

（一）有下列情形之一的，纳税人应当依法办理纳税申报

（1）取得综合所得需要办理汇算清缴。
（2）取得应税所得没有扣缴义务人。
（3）取得应税所得，扣缴义务人未扣缴税款。
（4）取得境外所得。
（5）因移居境外注销中国户籍。
（6）非居民个人在中国境内从两处以上取得工资、薪金所得。
（7）国务院规定的其他情形。

（二）取得综合所得需要办理汇算清缴的纳税申报

（1）从两处以上取得综合所得，且综合所得年收入额减除专项扣除后的余额超过 6 万元。
（2）取得劳务报酬所得、稿酬所得、特许权使用费所得中一项或者多项所得，且综合所得年收入额减除专项扣除后的余额超过 6 万元。
（3）纳税年度内预缴税额低于应纳税额。
（4）纳税人申请退税。

需要办理汇算清缴的纳税人，应当在取得所得的次年 3 月 1 日至 6 月 31 日内，向任职、受雇单位所在地主管税务机关办理纳税申报，报送《个人所得税年度自行纳税申报表》，并准备与收入、专项扣除、专项附加扣除、依法确定的其他扣除、捐赠、享受税收优惠等相关的资料，按规定留存备查或报送。

公益慈善捐赠个人所得税政策

居民个人发生的公益捐赠支出可以在财产租赁所得、财产转让所得、利息股息红利所得、偶然所得、综合所得或者经营所得中扣除。扣除限额为当年度应纳税所得额的 30%。

（三）取得经营所得的纳税申报

纳税人取得经营所得，按年计算个人所得税，由纳税人在月度或者季度终了后 15 日内，向所在地主管税务机关办理预缴纳税申报，并在次年的 3 月 31 日前办理汇算清缴。

二、全员全额扣缴申报纳税

扣缴义务人向个人支付应税款项时，应当按照个人所得税法规定预扣或者代扣税款，按时缴库，并专项记载备查。

（一）扣缴义务人和代扣预扣税款的范围

（1）扣缴义务人：是指向个人支付所得的单位和个人。所称支付，包括现金支付、汇拨支付、转账支付和以有价证券、实物及其他形式的支付。

（2）实行个人所得税全员全额扣缴申报的应税所得包括：工资薪金所得、劳务报酬所得、稿酬所得、特许权使用费所得、利息/股息/红利所得、财产租赁所得、财产转让所得、偶然所得。

（二）不同项目所得扣缴方法

（1）扣缴义务人向居民个人支付工资薪金所得时，应当按照累计预扣法计算预扣税款，并按月办理扣缴申报。

【例6-7】宏达公司财务部经理何晶晶，2019年每月工资收入为11 000元，每月缴纳社保费用和住房公积金1 500元，全年享受赡养老人专项附加扣除，无其他扣除事项。请计算该纳税人的工资薪金扣缴义务人每月预扣预缴的税款金额。

【解析】根据税法规定：

累计预扣预缴应纳税所得额=累计收入-累计免税收入-累计基本减除费用-累计专项扣除-累计专项附加扣除-累计依法确定的其他扣除

本期应预缴预扣税额=（累计预扣预缴应纳税所得额×适用税率-速算扣除数）-累计减免税额-累计已预扣预缴税额

1月累计预扣预缴应纳税所得额=11 000-5 000-1 500-2 000=2 500（元）

1月应预扣预缴税额=2 500×3%-0=75（元）

由于每期工资收入和扣除额没有变化，应税所得额也相对固定不变，所以：

2月应预扣预缴税额=（2 500×2×3%-0）-75=75（元）

12月应预扣预缴税额=（2 500×12×3%-0）-75×11=75（元）

> **从业人员经验之谈**
>
> 对于大多数工薪阶层来说，一般每月的工资收入、社保费用和住房公积金扣除、专项附加扣除以及依法确定的其他扣除等，多为相对固定的金额。因此，每月的预扣预缴税额，一般是维持固定不变的。

（2）扣缴义务人向居民个人支付劳务报酬所得、稿酬所得、特许权使用费所得时，应当按照以下方法按次或者按月预扣预缴税款：

① 劳务报酬所得、稿酬所得、特许权使用费所得以收入减除费用后的余额为收入额；其中，稿酬所得收入额减按70%计算。

② 减除费用：预扣预缴税款时，劳务报酬所得、稿酬所得、特许权使用费所得每次不超过4 000元的，减除费用800元；每次收入超过4 000元的，减除费用按收入的20%计算。

③ 劳务报酬所得、稿酬所得、特许权使用费所得，以每次收入额为预扣预缴应纳税所得额，计算应预扣预缴税额。劳务报酬所得适用居民个人劳务报酬所得预扣预缴税率表（见表6-8），稿酬所得、特许权使用费所得适用20%的比例预扣率。

表6-8 居民个人劳务报酬所得预扣预缴税率表

级数	预扣预缴应纳税所得额	税率	速算扣除数（元）
一	不超过20 000元的部分	20%	0
二	超过20 000元至50 000元的部分	30%	2 000
三	超过50 000元至300 000元的部分	40%	7 000

居民个人办理年度综合所得汇算清缴时,应当依法计算劳务报酬所得、稿酬所得、特许权使用费所得的收入额,并入年度综合所得计算应纳税额,税款多退少补。

【例6-8】歌手周某一次性取得演出收入50 000元,请计算其应预扣预缴个人所得税税额。

【解析】根据税法规定:

应预扣预缴税额=预扣预缴应纳税所得额×(1-20%)×预扣率-速算扣除数
=50 000×(1-20%)×30%-2 000=10 000(元)

(3)扣缴义务人支付利息/股息/红利所得、财产租赁所得、财产转让所得、偶然所得,应当依法按次或者按月代扣代缴税款。

(三)扣缴义务人的责任与义务

(1)扣缴义务人应当按照纳税人提供的信息计算税款、办理扣缴申报,不得擅自更改纳税人提供的信息。

(2)支付工资薪金所得的扣缴义务人应当于年度终了后两个月内,向纳税人提供其个人所得和已扣缴税款等信息。

(3)扣缴义务人对纳税人提供的专项附加扣除等信息资料应当妥善保管备查,并严格保密。

(4)对扣缴义务人按照规定扣缴的税款,按年付给2%的手续费。

(5)扣缴义务人依法履行代扣代缴义务,纳税人不得拒绝。否则,扣缴义务人应当及时报告税务机关。

(6)扣缴义务人应扣未扣、应收而不收税款的,由税务机关向纳税人追缴税款,对扣缴义务人处以应扣未扣、应收未收税款50%以上3倍以下的罚款。

(四)代扣代缴期限

扣缴义务人每月或每次预扣、代扣的税款,应当在次月15日内缴入国库,并向税务机关报送《个人所得税扣缴申报表》。

无须办理年度汇算清缴的纳税人

纳税人已依法预缴个人所得税且符合下列情形之一的,无须办理年度汇算:

1. 纳税人年度汇算需补税,但是年度综合所得收入不超过12万元的;
2. 纳税人年度汇算需补税金额不超过400元的;
3. 纳税人已预缴税额与年度应纳税额一致,或者不申请年度汇算退税的。

三、个人所得税纳税申报

(一)代扣代缴方式

实务中,工资薪金的个人所得税一般由其支付单位代扣代缴,要求个人所得税申报全员全额申报,即工资表上列举的每个人都要向税务机关申报个人所得税,即使不需要缴纳个人所得税也要进行零申报。扣缴义务人应当在次月15日内向主管税务机关报送个人所得税扣缴申报表,进行个人所得税的申报缴纳。个人所得税扣缴申报表具体格式如表6-9所示。

表6-9适用于扣缴义务人向居民个人支付工资薪金所得,劳务报酬所得,稿酬所得和特许权使用费所得的个人所得税全员全额预扣预缴申报;向非居民个人支付工资薪金所得,劳务报酬所得,稿酬所得和特许权使用费所得的个人所得税全员全额扣缴申报;以及向纳税人(居民个人和非居民个人)支付利息/股息/红利所得,财产租赁所得,财产转让所得和偶然所得的个人所得税全员全额扣缴申报。

税收实务（第2版）

表6-9 个人所得税扣缴申报表

税款所属期： 年 月 日至 年 月 日

扣缴义务人名称：

扣缴义务人纳税人识别号（统一社会信用代码）：□□□□□□□□□□□□□□□□□□

金额单位：人民币元（列至角分）

序号	姓名	身份证件类型	身份证件号码	纳税人识别号	是否为非居民个人	所得项目	收入额计算			专项扣除				本月（次）情况 其他扣除					累计收入额	累计减除费用	累计专项扣除	累计专项附加扣除						减按计税比例	准予扣除的捐赠额	税款计算						备注
							收入	费用	免税收入	减除费用	基本养老保险费	基本医疗保险费	失业保险费	住房公积金	年金	商业健康保险	税延养老保险	财产原值	允许扣除的税费	其他				子女教育	赡养老人	住房贷款利息	住房租金	继续教育	累计其他扣除			应纳税所得额	税率/预扣率	速算扣除数	应纳税额	减免税额	已缴税额	应补/退税额	
1	2	3	4	5	6	7	8	9	10	11	12	13	14	15	16	17	18	19	20	21	22	23	24	25	26	27	28	29	30	31	32	33	34	35	36	37	38	39	40
合计																																							

谨声明：本表是根据国家税收法律法规及相关规定填报的，是真实的、可靠的、完整的。

经办人签字：　　　经办人身份证件号码：

代理机构签章：　　　代理机构统一社会信用代码：

扣缴义务人（签章）：

受理人：　　　受理税务机关（章）：

受理日期： 年 月 日

134

王强2020年1月工资收入为8 000元，企业扣除了王强个人负担的养老保险640元，医疗保险160元，失业保险80元，住房公积金800元（工伤保险和生育保险个人无须缴纳），当月奖金2 000元；2019年第四季度奖金为2 200元。试根据王强的上述收入情况填报表中数据。

表内各栏主要项目填写说明：

（1）第2列"姓名"：填写纳税人姓名。

（2）第3列"身份证件类型"：填写纳税人有效的身份证件名称。中国公民有中华人民共和国居民身份证的，填写居民身份证；没有居民身份证的，填写中华人民共和国护照、港澳居民来往内地通行证或者港澳居民居住证、台湾居民通行证或者台湾居民居住证、外国人永久居留身份证、外国人工作许可证或者护照等。

（3）第4列"身份证件号码"：填写纳税人有效身份证件上载明的证件号码。

（4）第5列"纳税人识别号"：有中国公民身份号码的，填写中华人民共和国居民身份证上载明的"公民身份号码"；没有中国公民身份号码的，填写税务机关赋予的纳税人识别号。

（5）第6列"是否为非居民个人"：纳税人为居民个人的填"否"。

（6）第7列"所得项目"：填写纳税人取得的个人所得税法第二条规定的应税所得项目名称。同一纳税人取得多项或者多次所得的，应分行填写。

（7）第8～21列"本月（次）情况"：填写扣缴义务人当月（次）支付给纳税人的所得，以及按规定各所得项目当月（次）可扣除的减除费用、专项扣除、其他扣除等。其中，工资薪金所得预扣预缴个人所得税时扣除的专项附加扣除，按照纳税年度内纳税人在该任职受雇单位截至当月可享受的各专项附加扣除项目的扣除总额，填写至"累计情况"中第25～29列相应栏，本月情况中则无须填写。

① "收入额计算"：包含"收入""费用""免税收入"。收入额=第8列-第9列-第10列。

ⅰ 第8列"收入"：填写当月（次）扣缴义务人支付给纳税人所得的总额。

ⅱ 第9列"费用"：取得劳务报酬所得、稿酬所得、特许权使用费所得时填写，取得其他各项所得时无须填写本列。居民个人取得上述所得，每次收入不超过4 000元的，费用填写"800"元；每次收入4 000元以上的，费用按收入的20%填写。非居民个人取得劳务报酬所得、稿酬所得、特许权使用费所得，费用按收入的20%填写。

ⅲ 第10列"免税收入"：填写纳税人各所得项目收入总额中，包含的税法规定的免税收入金额。其中，税法规定"稿酬所得的收入额减按70%计算"，对稿酬所得的收入额减计的30%部分，填入本列。

② 第11列"减除费用"：按税法规定的减除费用标准填写。例如，2019年纳税人取得工资薪金所得按月申报时，填写5 000元。纳税人取得财产租赁所得，每次收入不超过4 000元的，填写800元；每次收入4 000元以上的，按收入的20%填写。

③ 第12～15列"专项扣除"：分别填写按规定允许扣除的基本养老保险费、基本医疗保险费、失业保险费、住房公积金（以下简称"三险一金"）的金额。

④ 第16～21列"其他扣除"：分别填写按规定允许扣除的项目金额。

（8）第22～30列"累计情况"：本栏适用于居民个人取得工资薪金所得，保险营销员、证券经纪人取得佣金收入等按规定采取累计预扣法预扣预缴税款时填报。

① 第22列"累计收入额"：填写本纳税年度截至当前月份，扣缴义务人支付给纳税人的工资薪金所得，或者支付给保险营销员、证券经纪人的劳务报酬所得的累计收入额。

② 第23列"累计减除费用"：按照5 000元/月乘以纳税人当年在本单位的任职受雇或者从业的月份数计算。

③ 第24列"累计专项扣除"：填写本年度截至当前月份，按规定允许扣除的"三险一金"

的累计金额。

④ 第 25～29 列"累计专项附加扣除"：分别填写截至当前月份，纳税人按规定可享受的子女教育、赡养老人、住房贷款利息或者住房租金、继续教育扣除的累计金额。大病医疗扣除由纳税人在年度汇算清缴时办理，此处无须填报。

⑤ 第 30 列"累计其他扣除"：填写本年度截至当前月份，按规定允许扣除的年金（包括企业年金、职业年金）、商业健康保险、税延养老保险、财产原值、允许扣除的税费及其他项目的累计金额。

（9）第 31 列"减按计税比例"：填写按规定实行应纳税所得额减计税收优惠的减计比例。无减计规定的，可不填，系统默认为 100%。例如，某项税收政策实行减按 60%计入应纳税所得额，则本列填 60%。

（10）第 32 列"准予扣除的捐赠额"：是指按照税法及相关法规、政策规定，可以在税前扣除的捐赠额。

（11）第 33～39 列"税款计算"：填写扣缴义务人当月扣缴个人所得税款的计算情况。

① 第 33 列"应纳税所得额"：根据相关列次计算填报。

i 居民个人取得工资薪金所得，填写累计收入额减除累计减除费用、累计专项扣除、累计专项附加扣除、累计其他扣除后的余额。

ii 非居民个人取得工资薪金所得，填写收入额减去减除费用后的余额。

iii 居民个人或者非居民个人取得劳务报酬所得、稿酬所得、特许权使用费所得，填写本月（次）收入额减除其他扣除后的余额。

iv 居民个人或者非居民个人取得利息/股息/红利所得和偶然所得，填写本月（次）收入额。

v 居民个人或者非居民个人取得财产租赁所得，填写本月（次）收入额减去减除费用、其他扣除后的余额。

vi 居民个人或者非居民个人取得财产转让所得，填写本月（次）收入额减除财产原值、允许扣除的税费后的余额。

其中，适用"减按计税比例"的所得项目，其应纳税所得额按上述方法计算后乘以减按计税比例的金额填报。

按照税法及相关法规、政策规定，可以在税前扣除的捐赠额，可以按上述方法计算后从应纳税所得额中扣除。

② 第 34～35 列"税率/预扣率""速算扣除数"：填写各所得项目按规定适用的税率（或预扣率）和速算扣除数。没有速算扣除数的，则不填。

③ 第 36 列"应纳税额"：根据相关列次计算填报。第 36 列=第 33 列×第 34 列-第 35 列。

④ 第 37 列"减免税额"：填写符合税法规定可减免的税额，并附报《个人所得税减免税事项报告表》。居民个人工资薪金所得，以及保险营销员、证券经纪人取得佣金收入，填写本年度累计减免税额；居民个人取得工资薪金以外的所得或非居民个人取得的各项所得，填写本月（次）减免税额。

⑤ 第 38 列"已缴税额"：填写本年或本月（次）纳税人同一所得项目，已由扣缴义务人实际扣缴的税款金额。

⑥ 第 39 列"应补/退税额"：根据相关列次计算填报。第 39 列=第 36 列-第 37 列-第 38 列。

（二）自行申报缴纳

需要办理自行纳税申报的纳税人，无论取得的各项所得是否已足额缴纳了个人所得税，均应于次年 3 月 1 日至 6 月 30 日内，向所在地主管税务机关办理纳税申报，填写个人所得税纳税申报表，个人所得税年度自行纳税申报表（A 表）如表 6-10 所示。

填写表 6-10 时，先根据个人资料填写表头资料，然后根据个人所得税各所得项目的情况分别填写年所得额、应纳税所得额、应纳税额、已缴（扣）税额、应补税额等栏目的内容。

以项目六【项目引领】案例中王强 2019 年的收入数据为例，完成个人所得税纳税申报表的填写。具体填写内容如表 6-10 所示。

表 6-10 个人所得税年度自行纳税申报表（A 表）

（仅取得境内综合所得年度汇算适用）

税款所属期：　　年　　月　　日至　　年　　月　　日

纳税人姓名：

纳税人识别号：□□□□□□□□□□□□□□□□□-□□　　　　　　　　金额单位：人民币元（列至角分）

基本情况				
手机号码		电子邮箱		邮政编码　□□□□□□
联系地址	____省（区、市）____市____区（县）____街道（乡、镇）____			
纳税地点（单选）				
1. 有任职受雇单位的，需选本项并填写"任职受雇单位信息"：			□任职受雇单位所在地	
任职受雇单位信息	名称			
	纳税人识别号	□□□□□□□□□□□□□□□□□		
2. 没有任职受雇单位的，可以从本栏次选择一地：			□户籍所在地	□经常居住地
户籍所在地/经常居住地	____省（区、市）____市____区（县）____街道（乡、镇）____			
申报类型（单选）				
□首次申报			□更正申报	
综合所得个人所得税计算				

项　　目	行次	金额
一、收入合计（第 1 行=第 2 行+第 3 行+第 4 行+第 5 行）	1	
（一）工资、薪金	2	
（二）劳务报酬	3	
（三）稿酬	4	
（四）特许权使用费	5	
二、费用合计 [第 6 行=(第 3 行+第 4 行+第 5 行)×20%]	6	
三、免税收入合计（第 7 行=第 8 行+第 9 行）	7	
（一）稿酬所得免税部分[第 8 行=第 4 行×(1-20%)×30%]	8	
（二）其他免税收入（附报个人所得税减免税事项报告表）	9	
四、减除费用	10	
五、专项扣除合计（第 11 行=第 12 行+第 13 行+第 14 行+第 15 行）	11	
（一）基本养老保险费	12	
（二）基本医疗保险费	13	
（三）失业保险费	14	
（四）住房公积金	15	

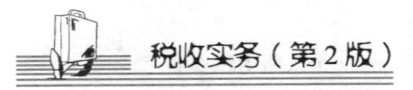

续表

项　　目	行次	金额
六、专项附加扣除合计（附报个人所得税专项附加扣除信息表） （第16行=第17行+第18行+第19行+第20行+第21行+第22行）	16	
（一）子女教育	17	
（二）继续教育	18	
（三）大病医疗	19	
（四）住房贷款利息	20	
（五）住房租金	21	
（六）赡养老人	22	
七、其他扣除合计（第23行=第24行+第25行+第26行+第27行+第28行）	23	
（一）年金	24	
（二）商业健康保险（附报商业健康保险税前扣除情况明细表）	25	
（三）税延养老保险（附报个人税收递延型商业养老保险税前扣除情况明细表）	26	
（四）允许扣除的税费	27	
（五）其他	28	
八、准予扣除的捐赠额（附报个人所得税公益慈善事业捐赠扣除明细表）	29	
九、应纳税所得额 （第30行=第1行-第6行-第7行-第10行-第11行-第16行-第23行-第29行）	30	
十、税率（%）	31	
十一、速算扣除数	32	
十二、应纳税额（第33行=第30行×第31行-第32行）	33	
全年一次性奖金个人所得税计算 （无住所居民个人预判为非居民个人取得的数月奖金，选择按全年一次性奖金计税的填写本部分）		
一、全年一次性奖金收入	34	
二、准予扣除的捐赠额（附报个人所得税公益慈善事业捐赠扣除明细表）	35	
三、税率（%）	36	
四、速算扣除数	37	
五、应纳税额[第38行=（第34行-第35行）×第36行-第37行]	38	
税额调整		
一、综合所得收入调整额（需在"备注"栏说明调整具体原因、计算方式等）	39	
二、应纳税额调整额	40	
应补/退个人所得税计算		
一、应纳税额合计（第41行=第33行+第38行+第40行）	41	
二、减免税额（附报个人所得税减免税事项报告表）	42	
三、已缴税额	43	
四、应补/退税额（第44行=第41行-第42行-第43行）	44	
无住所个人附报信息		
纳税年度内在中国境内居住天数	已在中国境内居住年数	

续表

无住所个人附报信息			
退税申请 （应补/退税额小于 0 的填写本部分）			
☐ 申请退税（需填写"开户银行名称""开户银行省份""银行账号"）　☐ 放弃退税			
开户银行名称		开户银行省份	
银行账号			
备注			

谨声明：本表是根据国家税收法律法规及相关规定填报的，本人对填报内容（附带资料）的真实性、可靠性、完整性负责。

　　　　　　　　　　　　　　　　　　　　　　　　纳税人签字：　　　　　年　　月　　日

经办人签字：	受理人：
经办人身份证件类型：	
经办人身份证件号码：	受理税务机关（章）：
代理机构签章：	
代理机构统一社会信用代码：	受理日期：　　年　　月　　日

国家税务总局监制

【专项训练】

一、单项选择题

1. 某高校特级教师为一企业做业务培训两个月，第一月培训 4 次，第二月培训 5 次，每次培训费均为 1 000 元，该企业按月发放培训的酬金。该教师共需预缴个人所得税（　　）元。

　　A. 800　　　　B. 1 152　　　　C. 1 440　　　　D. 1 280

2. 王某是作家，2019 年王某的一篇小说在美国发表，取得稿酬折合人民币 38 000 元，并按美国税法规定缴纳了个人所得税 4 000 元；当年，王某将另一作品的手稿原件在我国公开拍卖，取得拍卖收入 50 000 元。王某以上两项所得应预缴个人所得税（　　）元。

　　A. 8 000　　　B. 8 256　　　　C. 9 900　　　　D. 21 900

3. 中国公民李某取得翻译收入 20 000 元，从中拿出 5 000 元通过公益性社会团体捐给了贫困地区，李某该笔翻译收入应预扣预缴的个人所得税为（　　）元。

　　A. 1 052　　　B. 1 064　　　　C. 2 240　　　　D. 2 072

4. 某教授 2019 年 3 月因其编著的小说出版获得稿酬 8 500 元，该年 12 月份因该篇小说在报刊上连载又得稿酬 700 元，该教授以上两项所得应预缴个人所得税税额为（　　）。

　　A. 952 元　　　B. 1 288 元　　　C. 1 472 元　　　D. 1 030.4 元

5. 下列关于个人所得税的表述中，不正确的有（　　）。

　　A. 在中国境内无住所，且一个纳税年度内在中国境内居住满 365 天的个人，为居民纳税人

　　B. 连续或累计在中国境内居住不超过 90 天的非居民纳税人，其所取得的中国境内所得并由境内支付的部分免税

C. 在中国境内无住所，且一个纳税年度内在中国境内一次居住不超过30天的个人，为非居民纳税人

D. 在中国境内无住所，但在中国境内居住超过5年的个人，从第6年起的以后年度中，凡在境内居住满一年的，其来源于中国境内外的全部所得应缴纳个人所得税

6. 根据个人所得税法规定，在中国境内两处或两处以上取得的工资薪金所得，其申报纳税地点的选择是（　　）。

　　A. 收入来源地
　　B. 税务局指定地点
　　C. 纳税人户籍所在地
　　D. 纳税人选择并固定在其中一地税务机关

7. 在中国境内无住所，但在一个纳税年度中在中国境内居住超过90天或者183天但不超过一年的外籍个人（非高级管理人员或董事），其来源于中国境内、境外所得，下列说法正确的是（　　）。

　　A. 境内所得境内企业支付的部分纳税　　B. 境内所得境外企业支付的部分不纳税
　　C. 境外所得境内企业支付的部分纳税　　D. 境外所得境外企业支付的部分纳税

8. 纳税人在一个纳税年度内分次取得承包经营、承租经营所得的，在每次取得后的次月（　　）日内申报预缴；纳税年度终了后（　　）个月内汇算清缴。

　　A. 7，4　　　　B. 15，3　　　　C. 5，3　　　　D. 15，5

9. 下列各项所得在计算应纳税所得额时不允许扣减任何费用的有（　　）。

　　A. 财产转让所得　　　　B. 特许权使用费所得
　　C. 利息、股息所得　　　D. 财产租赁所得

10. 个人所得税应税项目中，不采用费用定额扣除（800元）或定率扣除（20%）的项目有（　　）。

　　A. 财产转让所得　　　　B. 财产租赁所得
　　C. 特许权使用费所得　　D. 劳务报酬所得

11. 个人因从事彩票代销业务的所得，应按（　　）计征个人所得税。

　　A. 工资薪金所得　　　　B. 其他所得
　　C. 劳务报酬所得　　　　D. 经营所得

12. 下列所得中，以一个月内取得的收入为一次进行纳税的是（　　）。

　　A. 利息所得　　B. 稿酬所得　　C. 偶然所得　　D. 财产租赁所得

13. 根据个人所得税法律制度的规定，下列各项中，属于工资薪金所得项目的是（　　）。

　　A. 劳动分红　　B. 误餐补助　　C. 独生子女补贴　　D. 差旅费津贴

14. 对于劳务报酬所得，若属于同一事项连续取得的，以（　　）内取得的报酬所得为一次，计算缴纳个人所得税。

　　A. 一年　　　　B. 一季度　　　　C. 一个月　　　　D. 半年

15. （　　）每次收入不超过4 000元，减除费用800元，以其余额为应纳税所得额。

　　A. 财产租赁所得　　　　B. 财产转让所得
　　C. 偶然所得　　　　　　D. 利息所得

二、多项选择题

1. 下列所得项目中，属于个人所得税征税范围的有（　　）。

　　A. 工资薪金所得　　　　B. 劳务报酬所得
　　C. 利息所得　　　　　　D. 偶然所得

2. 下列项目中，实行定额和定率两种扣除办法计算个人所得税应纳税所得额的有（　　）。
   A. 财产转让所得　　B. 劳务报酬所得　　C. 稿酬所得　　D. 财产租赁所得
3. 下列所得项目中，适用比例税率征收个人所得税的有（　　）。
   A. 工资薪金所得　　　　　　　　　　B. 稿酬所得
   C. 利息所得　　　　　　　　　　　　D. 个体工商户的生产经营所得
4. 下列个人所得在计算个人所得税时，不得减除费用的有（　　）。
   A. 利息/股息/红利所得　　　　　　　B. 稿酬所得
   C. 劳务报酬所得　　　　　　　　　　D. 偶然所得
5. 对个人所得征收个人所得税时，均以每次收入额为应纳税所得额的有（　　）。
   A. 利息、股息、红利所得　　　　　　B. 偶然所得
   C. 财产转让所得　　　　　　　　　　D. 稿酬所得
6. 以下各项所得中适用20%个人所得税税率的有（　　）。
   A. 劳务报酬所得
   B. 对企事业单位的承包经营、承租经营所得
   C. 特许权使用费所得
   D. 财产转让所得
7. 下列个人所得在计算个人所得税应纳税所得额时，可按月减除定额费用的有（　　）。
   A. 对企事业单位的承包、承租经营所得　　B. 财产转让所得
   C. 工资薪金所得　　　　　　　　　　　　D. 个体工商户的生产经营所得
8. 个人所得税自行申报的纳税人有（　　）。
   A. 非居民个人从中国境内两处或两处以上取得工资薪金的
   B. 取得应纳税所得，没有扣缴义务人的
   C. 年所得10万元以上的纳税人
   D. 从中国境外取得所得的
9. 财产转让所得中可扣除的费用有（　　）。
   A. 必要费用的扣除，即定额扣800元或20%的费用
   B. 财产原值
   C. 合理费用
   D. 所计提的折旧
10. 对企事业单位的承包、租赁经营所得包括（　　）。
    A. 个人承包、租赁经营所得
    B. 个人转包、转租的所得
    C. 个人按月、按次取得的工薪性质的所得
    D. 利息所得

三、判断题
1. 为他人提供担保取得的所得属于偶然所得。（　　）
2. 个人所得税区别不同所得项目分别适用超额累进税率和比例税率计算税款。（　　）
3. 现行税法规定，工资薪金所得适用3%～45%的七级超额累进税率。（　　）
4. 某歌星取得一次性劳务报酬2.4万元，对应七级超额累计税率计算个人所得税。（　　）
5. 劳务报酬收入一次性超过20 000元的适用10%预扣预缴税率。（　　）

6. 李某承包某单位商店，按承包协议规定，其向发包方每年支付承包费10万元后，一切经营成果均归李某所有。对李某取得的所得应按照"工资薪金所得"项目计算缴纳个人所得税。（   ）

7. 年所得12万元以上的纳税人，都应在纳税年度终了后3个月内向主管税务机关办理纳税申报。（   ）

8. 个人取得单张有奖发票奖金所得的，应全额按照个人所得税法规定的"偶然所得"征收个人所得税。（   ）

9. 扣缴义务人未履行扣缴个人所得税义务的，由扣缴义务人承担应纳的税款、滞纳金和罚款。（   ）

10. 某作者在出版社出版一部小说，取得稿酬3万元，次月该书在北京晚报上连载刊登，连载完后报社支付其稿酬2万元。该作者的两笔稿酬应该合并缴纳个人所得税。（   ）

四、计算题

1. 中国公民孙某是自由职业者，2019年收入情况如下：
（1）出版中篇小说一部，取得稿酬50 000元，两月后因小说加印和报刊连载，分别取得出版社稿酬10 000元和报社稿酬3 800元。
（2）受托对一电影剧本进行审核，取得审稿收入15 000元。
（3）临时担任会议翻译，取得收入3 000元。
要求：计算孙某2019年以上收入应预扣预缴的个人所得税。

2. 中国公民张某为一文艺工作者，假定2019年收入情况如下：
（1）取得全年工薪收入116 000元，全年一次性奖金50 000元。
（2）参加乡村文艺演出两次，分别取得收入3 200元和36 000元。
（3）购买彩票中奖180 000元，通过当地教育局向农村义务教育捐款20 000元。
（4）出版小说一部，取得稿酬80 000元。
（5）购买国债，利息收入10 000元。
（6）除缴纳社保和住房公积金13 200元外，无其他扣除事项。
要求：计算2019年张某应缴纳的个人所得税。

3. 某教授在2019年1月至12月期间取得以下所得：
（1）每月工资收入12 000元，扣除社保及住房公积金1 850元。
（2）5月为本校校歌谱曲，获得学校补贴3 000元。
（3）6月为兄弟学校讲课，取得报酬5 000元。
（4）7月出版小说一部，获得稿酬35 000元。
（5）有一独生女正在上大学，无其他扣除事项。
要求：计算该教授2019年应缴纳的个人所得税。

五、案例分析题

中国公民郝某就职于国内某会计师事务所，2019年除薪金收入外，其他收入情况如下：
（1）1月将新购一套公寓住房出租，租期为半年，一次性收取租金3 000元。7月将该套公寓以市场价出售，扣除购房成本及相关交易税费后所得50 000元。
（2）为某报社财经专栏撰稿，该稿件以连载形式刊登。8月刊登3次，9月刊登2次，每次收入600元。
（3）11月为一家培训机构授课2次，每次收入为1 000元。
（4）担任甲公司独立董事，取得董事津贴20 000元。

已知：财产转让所得、劳务报酬所得适用的个人所得税税率均为20%；个人出租住房所得适用的个人所得税税率为10%。

要求：根据上述材料，分析并回答下列题目。

1. 关于计算缴纳郝某个人所得税的下列表述中，正确的是（　　）。

    A. 出售公寓收入按照"财产转让所得"计缴

    B. 董事津贴按照"劳务报酬所得"计缴

    C. 撰稿收入按照"稿酬所得"计缴

    D. 授课收入按照"劳务报酬所得"计缴

2. 郝某出租公寓的租金收入应缴纳的税是（　　）。

    A. 房产税　　　　B. 个人所得税　　　　C. 增值税　　　　D. 土地增值税

3. 报社代扣代缴郝某个人所得税的下列方法中，正确的是（　　）。

    A. 按每次支付金额600元分别计算缴纳

    B. 以每月支付金额为一次计算缴纳

    C. 以达到扣除标准的累计支付金额为一次计算缴纳

    D. 以连载完成后支付的总金额为一次计算缴纳

4. 郝某缴纳个人所得税的下列计算中，正确的是（　　）。

    A. 出租公寓收入应缴纳的个人所得税税额=3 000×(1-20%)×10%=240（元）

    B. 出售公寓收入应缴纳的个人所得税税额=50 000×20%=10 000（元）

    C. 董事津贴应预扣预缴的个人所得税税额=20 000×(1-20%)×20%=3 200（元）

    D. 授课收入应预扣预缴的个人所得税税额=(2 000-800)×20%=240（元）

项目七

其他地方税实务

【项目引领】

增值税与企业所得税这两大税种，是我国最重要的税收来源，合计占我国每年税收总收入的65%左右。流转税与所得税的缴纳数额，取决于企业的经营和利润情况。但是也有部分税种，其纳税多少与企业经营状况并无直接的联系，即使企业收入为零、利润为负数，仍需照章纳税。例如制造业，需要占用一定的土地与厂房，则必须按照土地面积与房产价值缴纳城镇土地使用税与房产税。在本项目中，主要针对企业经营中需要缴纳的附加税、印花税、城镇土地使用税、房产税、车船税等税种，学习其计算、核算的方法及如何进行纳税申报。

> 2020年3月，受新冠肺炎疫情的影响，大华公司没有取得营业收入，且处于亏损状态，还需要纳税吗？

任务一　附加税申报实务

【知识准备】

滨海市东方有限公司位于城市市区，2020年4月应缴增值税96 000元、消费税68 000元、滞纳金2 000元、罚款6 000元。

思考：针对以上业务，判断哪些是城市维护建设税和教育费附加的计税依据？滨海市东方有限公司应纳城市维护建设税和教育费附加分别是多少？城市维护建设税和教育费附加的纳税申报表应如何填制？

实务中，附加税主要有城市维护建设税、教育费附加和地方教育费附加。2020年8月11日，中华人民共和国全国人民代表大会常务委员会（以下简称全国人大常委会）通过了《中华人民共和国城市维护建设税法》，将之前的暂行条例上升为法律，将于2021年9月1日起实施；教育费附加是为加快地方教育事业，扩大地方教育经费的资金而征收的一项专用基金。

一、附加税的征税范围和纳税人

城市维护建设税、教育费附加、地方教育费附加的征税范围为企业缴纳的流转税，也就是增值税和消费税。附加税的纳税人是缴纳增值税和消费税的单位和个人。任何单位或个人，只要缴纳增值税和消费税，就必须同时缴纳城市维护建设税、教育费附加和地方教育费附加。

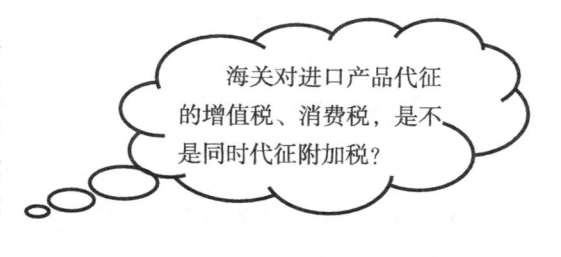

> 海关对进口产品代征的增值税、消费税，是不是同时代征附加税？

从业人员经验之谈

（1）附加税进口不征，出口不退。
（2）附加税按减免后实际缴纳的增值税和消费税税额计征。
（3）补征增值税和消费税时也要补征附加税，但加收的滞纳金和罚款不是附加税的计税依据。

二、附加税的税额计算

（一）税率

城市维护建设税、教育费附加、地方教育费附加以企业缴纳的增值税和消费税税额为计税依据，随其变化而变化（见表7-1）。

表7-1 附加税税率

税 种	税 率	备 注
城市维护建设税	7%	针对在市区的纳税人
	5%	针对在县城、建制镇的纳税人
	1%	针对不在以上地区的纳税人
教育费附加	3%	
地方教育费附加	2%	

（二）计算公式

当期应纳城市维护建设税=（当期实际申报的增值税+当期实际申报的消费税）×企业对应的城市维护建设税税率（7%、5%、1%）

当期应纳教育费附加=（当期实际申报的增值税+当期实际申报的消费税）×3%

当期应纳地方教育费附加=（当期实际申报的增值税+当期实际申报的消费税）×2%

根据2020年8月11日全国人大常委会通过的《中华人民共和国城市维护建设税法》，城市维护建设税的计税依据应当按照规定扣除期末留抵退税退还的增值税税额。

知识拓展

2016年1月27日召开的国务院常务会议决定，将教育费附加、地方教育费附加、水利建设基金的免征范围由月销售额或营业额不超过3万元的缴纳义务人，扩大到不超过10万元的纳税义务人。增值税免征，同时附加税费也享受免征政策。

三、附加税的会计处理

(1) 计提城市维护建设税和教育费附加时：
借：税金及附加
　　贷：应交税费——应交城市维护建设税
　　　　　　　　——应交教育费附加
　　　　　　　　——应交地方教育费附加

(2) 实际缴纳城市维护建设税和教育费附加时：
借：应交税费——应交城市维护建设税
　　　　　　——应交教育费附加
　　　　　　——应交地方教育费附加
　　贷：银行存款

（城市维护建设税的计算）

四、附加税的申报

(一) 纳税期限和地点

由于附加税是在缴纳增值税和消费税的同时缴纳的，因此在纳税期限、纳税地点方面的规定与增值税和消费税的纳税期限、纳税地点完全一致。

(二) 附加税纳税申报表的填写

申报附加税时，需填写城市维护建设税、教育费附加、地方教育费附加纳税申报表，如表 7-2 所示。申报表的结构可以分为表头（基础信息）和正表（申报信息）两部分。

表 7-2　城市维护建设税、教育费附加、地方教育费附加申报表

填表日期：　　年　　月　　日

纳税人识别号：　　　　　　　　　　　　　　　　　　　　　　　　　　金额单位：元（列至角分）

纳税人名称：　　　　　　　　　　　　税款所属期间：　　年　　月　　日至　　年　　月　　日

税种名称	计税金额	城市维护建设税				教育费附加				地方教育费附加			
		税率	应纳税额	已纳税额	本期应补（退）税额	税率	应纳附加额	已纳附加额	本期应补（退）附加额	税率	应纳附加额	已纳附加额	本期应补（退）附加额
增值税													
消费税													
合计													

1. 表头填写

表头主要包括填表日期、纳税人识别号、纳税人名称、税款所属期间等。

2. 正表填写

正表主要包括城市维护建设税、教育费附加、地方教育费附加三大部分的内容。

(1) 计税金额。附加税的计税依据为企业当期所缴纳的"两税"。例如，企业处于城市市区，本期缴纳的增值税为 30 200 元，则应在"税种名称——增值税"和"计税金额"的交叉栏填写"30 200"。

(2) 税率。根据税法规定使用正确的税率。网上申报时，税务机关会根据企业所处位置核定税率，系统会自动设定。

(3) 应纳税额。计算公式：应纳税额=计税金额×税率。

(4) 已纳税额、本期应补（退）税额。实务中，企业一般较少涉及这两列内容，大部分情

况下无须填写。

（三）附加税的网上申报

在具体实务中，办税人员应于申报期内登录"国家税务总局电子税务局"，根据纳税人识别号和密码，进入申报界面进行房产税的网上申报。申报流程如图 7-1 所示。

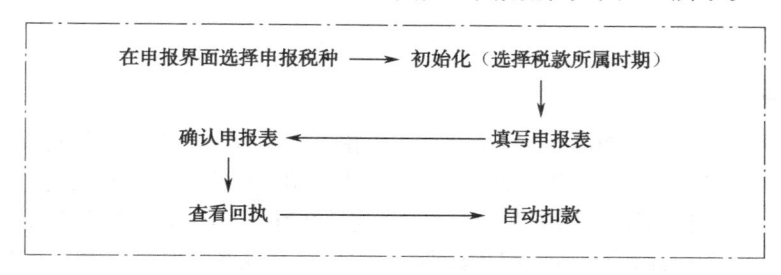

图 7-1　附加税的网上申报流程

【牛刀小试】

项目七任务一中的案例，判断哪些是城市维护建设税和教育费附加的计税依据？滨海市东方有限公司应纳城市维护建设税和教育费附加分别是多少？城市维护建设税和教育费附加的纳税申报表应如何填制？

【解析】

（1）滨海市东方有限公司缴纳的增值税、消费税均为城市维护建设税和教育费附加的计税依据，即：96 000+68 000=164 000（元）。

其中，滞纳金和罚款不是城市维护建设税和教育费附加的计税依据。

（2）应纳税费的计算。

由于滨海市东方有限公司注册地位于城市市区，城市维护建设税的税率为7%。

① 应纳城市维护建设税=164 000×7%=11 480（元）
② 应纳教育费附加=164 000×3%=4 920（元）
③ 应纳地方教育费附加=164 000×2%=3 280（元）

（3）填制表 7-3。

表 7-3　城市维护建设税、教育费附加、地方教育费附加申报表

填表日期：2020 年 05 月 15 日

纳税人识别号：913723306894932021　　　　　　　　　　　　　金额单位：元（列至角分）

纳税人名称：滨海市东方有限公司　　　　税款所属时间：2020 年 04 月 01 日至 2020 年 04 月 30 日

税种名称	计税金额	城市维护建设税				教育费附加				地方教育费附加			
		税率	应纳税额	已纳税额	本期应补(退)税额	税率	应纳附加额	已纳附加额	本期应补(退)附加额	税率	应纳附加额	已纳附加额	本期应补(退)附加额
营业税	—	—	—	—	—	—	—	—	—	—	—	—	—
增值税	96 000	7%	6 720		6 720	3%	2 880		2 880	2%	1 920		1 920
消费税	68 000	7%	4 760		4 760	3%	2 040		2 040	2%	1 360		1 360
合计	164000	7%	11 480		11 480	3%	4 920		4 920	2%	3 280		3 280

填表说明：

1. 字体为华文行楷的栏目需要申报企业自行填写，其他栏目数据是自动生成的，不能改动。
2. 不同地区的纳税申报表格式可能略有区别，但基本内容大同小异。

任务二　印花税申报实务

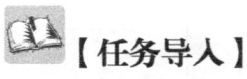

【任务导入】

滨海市东方有限公司 2020 年 6 月发生以下印花税涉税业务：领受房产证、土地使用证各 1 份；签订货物购销合同 12 份，共计 200 万元；向中国银行借款 100 万元并签订了借款合同；签订租赁合同 1 份，向金华公司租赁生产线 1 条，租赁金额为 60 万元；股东增资 150 万元。

思考：滨海市东方有限公司以上印花税涉税业务中，印花税该如何计算？应通过什么样的方式缴纳印花税？印花税的纳税申报表应如何填制？

【知识准备】

印花税是以经济活动和经济交往中书立、领受应税凭证的行为为征税对象征收的一种税。印花税是因其采用在应税凭证上粘贴印花税票的方法（以下简称贴花）缴纳税款而得名的。

一、印花税的税目、征税范围、税率及纳税人

在中华人民共和国境内书立、领受、使用《中华人民共和国印花税暂行条例》所列举凭证的单位和个人，都是印花税的纳税义务人。具体包括立合同人、立账簿人、立据人、领受人、使用人和各类电子应税凭证的签订人。

印花税的税目、征税范围、税率及纳税人的详细规定如表 7-4 所示。

表 7-4　印花税的税目、征税范围、税率及纳税人

税　目	征 收 范 围	税　　率	纳　税　人
购销合同	供应、预购、采购、购销结合及协作、调剂、补偿、易货等合同	按购销金额 0.3‰贴花	立合同人
建筑安装工程承包合同	建筑、安装工程承包合同	按承包金额 0.3‰贴花	立合同人
技术合同	技术开发、转让、咨询、服务等合同	按记载金额 0.3‰贴花	立合同人
加工承揽合同	加工、定做、修缮、修理、印刷、广告、测绘、测试等合同	按加工或承揽收入 0.5‰贴花	立合同人
建设工程勘察设计合同	勘察、设计合同	按收取费用 0.5‰贴花	立合同人
货物运输合同	民用航空运输、铁路运输、海上运输、内河运输、公路运输和联运合同	按运输费用 0.5‰贴花	立合同人
产权转移书据	财产所有权和版权、商标专用权、专利权、专有技术使用权等转移书据、土地使用权出让/转让合同、商品房销售合同	按记载金额 0.5‰贴花	立据人
营业账簿	生产、经营用账簿	记载资金的账簿，按实收资本和资本公积的合计金额 0.5‰贴花。其他账簿按件贴花	立账簿人
财产租赁合同	包括租赁房屋、船舶、飞机、机动车辆、机械、器具、设备等合同	按租赁金额 1‰贴花，税额不足 1 元按 1 元贴花	立合同人

续表

税　目	征　收　范　围	税　率	纳　税　人
仓储保管合同	包括仓储、保管合同	按仓储保管费用 1‰贴花	立合同人
财产保险合同	包括财产、责任、保证、信用等保险合同	按收取保险费 1‰贴花	立合同人
借款合同	银行及其他金融组织和借款人所签订的借款合同	按借款金额 0.05‰贴花	立合同人
权利、许可证照	包括政府部门发给的房屋产权证、工商营业执照、商标注册证、专利证、土地使用证	按件贴花 5 元	领受人

> **知识拓展**
>
> 2018 年 5 月 1 日起，对原按 0.5‰税率贴花的资金账簿减半征收印花税，对原按件贴花 5 元的其他账簿免征印花税。

二、应纳税额的计算

根据应税凭证的性质，印花税的计算有以下两种不同的方式。

（1）定额税率，即按件征收，每件按 5 元定额贴花。

$$应纳税额 = 应税凭证的件数 \times 5$$

（2）比例税率，即按应税凭证所载金额乘以固定比例的税率计算贴花。

$$应纳税额 = 应税凭证的记载金额 \times 适用税率$$

三、印花税的会计处理

企业缴纳的印花税按照《小企业会计准则》的规定应列入"税金及附加"账户。

借：税金及附加

　　贷：银行存款/应交税费——印花税

四、印花税的缴纳

（一）印花税缴纳方式

在实务中，根据应纳税额的大小、纳税次数的多少及税收管理的需要，印花税有三种缴纳方式，如表 7-5 所示。

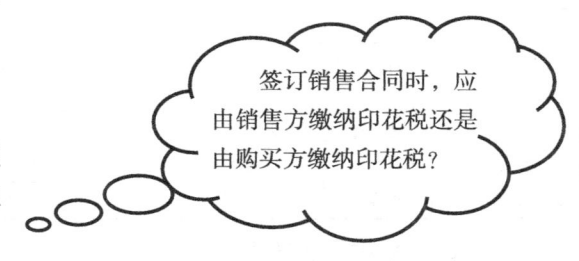

> 签订销售合同时，应由销售方缴纳印花税还是由购买方缴纳印花税？

表 7-5　印花税缴纳方式

缴纳方式	使用范围	操作方法
自行贴花	适用于应税凭证较少或贴花次数较少的纳税人	纳税人根据规定自行计算应纳税额，购买并一次贴足印花税票并自行注销或划销
汇贴汇缴	适用于应税凭证较大或贴花次数较多的纳税人	以缴款书或完税凭证代替贴花（一份凭证应纳税额超过 500 元）或按期汇总缴纳
委托代征	适用于取得权利许可、证照的纳税人	通过税务机关委托，经由发放或办理应税凭证的单位代征印花税

（二）印花税的申报与缴纳

印花税计算完成后，纳税人需进行印花税的申报与缴纳。印花税的申报时间是在每月

15日之前，申报前需要先填写印花税纳税申报表。

1. 了解印花税纳税申报表

印花税纳税申报表的结构可以分为表头信息、正表内容和表尾信息三部分。

（1）表头信息：主要包括填表日期、纳税人识别号、纳税人名称及税款所属时期。

（2）正表内容：主要包括应税凭证名称、件数、计税金额、适用税率、应纳税额、已纳税额、应补（退）税额、贴花情况。

（3）表尾信息：包括填报人的相关签章信息及委托代理人的相关信息。

2. 印花税纳税申报表的填写

印花税纳税申报表的格式如表7-6所示，具体的填制方式如下。

① 应税凭证名称：按合同使用的印花税目填写。

② 计税金额：应填写印花税的计税依据。

③ 已纳税额：反映本月已贴花的计税依据。

④ 贴花情况：反映企业购买印花税票自行完税贴花后结存的税票金额。

表7-6　印花税纳税申报表

填表日期：　年　月　日

纳税人识别号：　　　　　　　　　　　　　　　　　　　金额单位：元（列至角分）

纳税人名称：　　　　　　　　　　　　　　　　　　　　税款所属时期：　年　月

应税凭证名称	件数	计税金额	适用税率	应纳税额	已纳税额	应补（退）税额	贴花情况			
							上期结存	本期购进	本期贴花	本期结存
1	2	3	4	5=2×4 或 5=3×4	6	7=5-6	8	9	10	11=8+9-10
如纳税人填报，则由纳税人填写以下各栏			如委托代理填报，则由代理人填写以下各栏							
会计主管（签章）	办税人员（签章）	纳税单位（人）（签章）	代理人名称				代理人（签章）			
^	^	^	代理人地址				^			
^	^	^	经办人		电话		^			

（三）印花税的网上申报

在具体实务中，办税人员应于申报期内登录"国家税务总局电子税务局"，根据纳税人识别号和密码进入申报界面进行印花税的网上申报。印花税网上申报流程如图7-2所示。

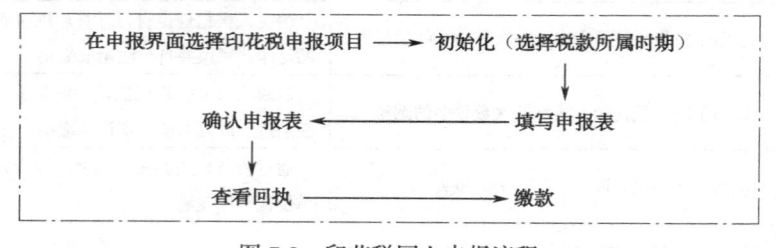

在申报界面选择印花税申报项目 → 初始化（选择税款所属时期）→ 填写申报表 → 确认申报表 → 查看回执 → 缴款

图7-2　印花税网上申报流程

【牛刀小试】

项目七任务二【任务导入】中的案例,滨海市东方有限公司应缴纳的印花税该如何计算?应通过什么样的方式缴纳印花税?印花税的纳税申报表应如何填制?

【解析】

(1)印花税的计算及缴纳方式。

① 领受房产证、土地使用证各1份。属于领受权利许可证照税目,按每件5元贴花,因此应纳税额=2×5=10(元)。可由发证机关在发证时代扣代缴。

② 签订货物购销合同12份,共计金额200万元。属于销售合同,因此应纳税额=2 000 000×0.3‰=600(元)。可采用自行贴花方式完税。

③ 向中国银行借款100万元并签订了借款合同。属于借款合同税目,因此应纳税额=1 000 000×0.05‰=50(元)。可采用自行贴花方式完税。

④ 签订租赁合同1份,向金华公司租赁生产线1条,租赁金额为60万元。属于财产租赁合同税目,因此应纳税额=600 000×1‰=600(元)。印花税的金额已经超过500元,可采用按期申报的方式。

⑤ 股东增资150万元。营业账簿中的"实收资本"或"资本公积"金额增加150万元,应纳税额=1 500 000×0.5‰÷2=375(元)。可采用自行贴花方式完税。

(2)填制印花税纳税申报表(见表7-7)。

表7-7 印花税纳税申报表

填表日期:2020年 7月 10日

纳税人识别号:91372306894932021　　　　　　　　　　　金额单位:元(列至角分)
纳税人名称:滨海市东方有限公司　　　　　　　　　　　税款所属时期:2020年6月

应税凭证名称	件数	计税金额	使用税率	应纳税额	已纳税额	应补(退)税额	贴花情况			
							上期结存	本期购进	本期贴花	本期结存
1	2	3	4	5=2×4 或 5=3×4	6	7=5-6	8	9	10	11=8+9-10
营业账簿	1	1 500 000.00	0.25‰	375.00	375.00					
租赁合同	1	600 000.00	1‰	600.00		600.00				
权利许可证照	2		5	10.00	10.00					
销售合同	12	2 000 000.00	0.3‰	600.00		600.00				
借款合同	1	1 000 000.00	0.05‰	50.00	50.00					

如纳税人填报,则由纳税人填写以下各栏			如委托代理填报,则由代理人填写以下各栏		
会计主管(签章)	办税人员(签章)	纳税单位(人)(签章)	代理人名称		代理人(签章)
			代理人地址		
			经办人	电话	

填表说明:

1. 字体为华文行楷的栏目需要申报企业自行填写,其他栏目数据是自动生成的,不能改动。
2. 不同地区的纳税申报表格式可能略有区别,但基本内容大同小异。

任务三　城镇土地使用税申报实务

【知识准备】

滨海市东方有限公司位于城市市区，坐落于滨海市东城路 22 号，实际占地 30 000 平方米，土地等级为Ⅱ等，土地使用税年税额为 2 元/平方米。使用的土地中，厂区内生活小区的绿化用地 2 000 平方米，厂区外的公用绿化用地 3 000 平方米，其余土地均为其生产用地。

思考：滨海市东方有限公司的哪些土地需要缴纳城镇土地使用税？如何计算该公司 2020 年第二季度应缴纳的城镇土地使用税？城镇土地使用税纳税申报表应如何填制？

城镇土地使用税是以国有土地或集体土地为征税对象，对拥有土地使用权的单位和个人征收的一种税。

一、城镇土地使用税的征税范围

城镇土地使用税的征税范围为城市、县城、建制镇和工矿区。城市的征税范围为市区和郊区，县城的征税范围为县人民政府所在地的城镇，建制镇的征税范围为镇人民政府所在地。开征城镇土地使用税的工矿区须经省、自治区、直辖市人民政府批准。

从业人员经验之谈

厂区外的绿化用地和直接用于农、林、牧、渔的生产用地，暂免征收城镇土地使用税；建立在城市、县城、建制镇和工矿区以外的工矿企业不需要缴纳城镇土地使用税。

二、城镇土地使用税的纳税人

城镇土地使用税的纳税人，是指在税法规定的征税范围内使用土地的单位和个人。具体纳税人规定如下：

（1）拥有土地使用权的单位和个人。

（2）拥有土地使用权的纳税人不在土地所在地的，由代管人或者实际使用人缴纳。

（3）土地使用权未确定或权属纠纷未解决的，由实际使用人缴纳。

（4）土地使用权共有的，由各方按其实际使用的土地面积分别计算缴纳。

（5）在城镇土地使用税征税范围内，承租集体所有建设用地的，由直接从集体经济组织承租土地的单位和个人，缴纳城镇土地使用税。

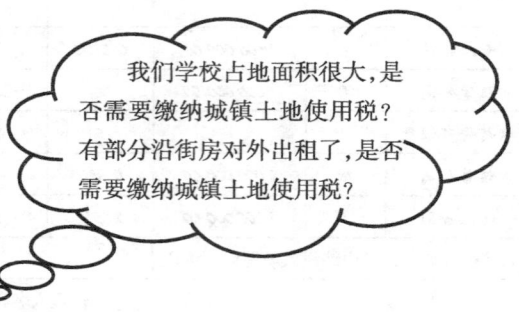

> **城镇土地使用税优惠政策**
>
> 个人所有的居住房屋及院落用地，集体及个人举办的各类学校、医院、托儿所、幼儿园用地，国家机关、团体、军队自用的土地，宗教寺庙、公园、名胜古迹自用的土地，直接用于农、林、牧、渔业的生产用地等，免征城镇土地使用税。
>
> 城镇土地使用税的征税范围不包括农村。

三、城镇土地使用税的税率

城镇土地使用税采用有幅度的差别定额税率，即按大、中、小城市和县城、建制镇、工矿区分别规定每平方米土地使用税年应纳税额。具体标准如表 7-8 所示。

表 7-8　城镇土地使用税税率表

级　别	人口（人）	每平方米年税额（元）
大城市	50 万以上	1.5～30
中等城市	20 万～50 万	1.2～24
小城市	20 万以下	0.9～18
县城、建制镇、工矿区		0.6～12

四、城镇土地使用税应纳税额的计算

$$年应纳税额=实际占用土地面积（平方米）×适用税率$$

纳税人实际占用的土地面积确定方法：

（1）由省级人民政府组织测定土地面积的，以测定的面积为准。

（2）尚未组织测量，但是有土地使用证书的，以证书确认的面积为准。

（3）尚未核发土地使用证书的，由纳税人申报土地面积，据以纳税，待核发土地使用证后再做调整。

五、城镇土地使用税的会计处理

城镇土地使用税的会计处理：城镇土地使用税应设置"应交税费——应交城镇土地使用税"科目进行核算。按照《小企业会计准则》的规定，核算如下。

（1）计提时：

借：税金及附加

　　贷：应交税费——应交城镇土地使用税

（2）实际缴纳时：

借：应交税费——应交城镇土地使用税

　　贷：银行存款等

六、城镇土地使用税的申报

（一）纳税义务发生时间

城镇土地使用税纳税义务发生时间表如表 7-9 所示。

表7-9 城镇土地使用税纳税义务发生时间表

序 号	纳 税 事 项	纳税义务发生起点	纳税义务发生时间
1	购置新建商品房	房屋交付使用	次月
2	购置存量房	取得房屋产权证书	次月
3	出租、出借房产	出租、出借	次月
4	有偿取得土地使用权	交付土地	次月
5	新征用的非耕地	征用	次月
6	新征用的耕地	征用	满1年

【记忆技巧】

只有新征用的耕地的纳税义务发生时间是自征用之日起满1年开始缴纳城镇土地使用税，其余均在次月。

（二）纳税期限

城镇土地使用税实行按年征收、分期缴纳的征收方法，具体纳税期限由省、自治区、直辖市人民政府确定。多数地方实行分季度缴纳的做法。

（三）纳税义务发生地点

城镇土地使用税在土地所在地缴纳，由土地所在地的地方税务机关征收。

（四）纳税申报表的填写

城镇土地使用税的纳税人每年都应分期（按季度或半年度）向主管地税机关及时办理纳税申报，并如实填写城镇土地使用税纳税申报表（见表7-10）。城镇土地使用税纳税申报表的结构分为表头信息、正表内容和表尾信息三部分。其结构类似于房产税纳税申报表的结构，此处不再赘述。填表时应注意以下三点：

（1）根据土地使用证，填写土地的相关信息。

（2）根据土地等级及使用情况表，选择土地对应等级及相应税率。

（3）根据公式"年应纳税额=实际占用土地面积（平方米）×适用税率"计算得出本期城镇土地使用税的应纳税额。

表7-10 城镇土地使用税纳税申报表

填表日期： 年 月 日

纳税人识别号： 金额单位：元（列至角分）

纳税人名称： 税款所属时期：

坐落地点	上期占地面积	本期增减	本期实际占地面积	法定免税面积	应税面积	土地等级 I	土地等级 II	适用税额 I	适用税额 II	全年应纳税额	缴纳次数	本期 每次应纳税额	本期 已纳税额	本期 应补（退）税额
1	2	3	4=2+3	5	6=4-5	7	8	9	10	11=6×9 或 10	12	13=11/12	14	15=11-14
如纳税人填报，则由纳税人填写以下各栏								如委托代理填报，则由代理人填写以下各栏						

续表

会计主管 （签章）	办税人员 （签章）	纳税单位（人） （签章）	代理人名称		代理人（签章）	
			代理人地址			
			经办人		电话	
以下由税务机关填写						
收到申报日期			接收人			

（五）城镇土地使用税的网上申报

在具体实务中，办税人员应于申报期内登录"国家税务总局电子税务局"，录入纳税人识别号和密码，进入申报界面进行城镇土地使用税的网上申报。城镇土地使用税网上申报流程如图 7-3 所示。

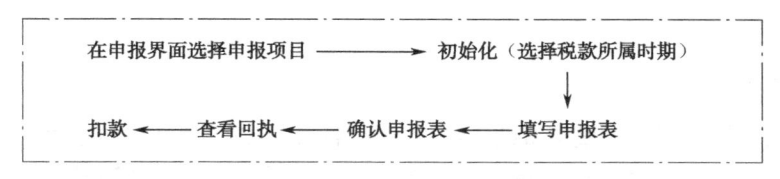

```
在申报界面选择申报项目 ──→ 初始化（选择税款所属时期）
                                          ↓
扣款 ←── 查看回执 ←── 确认申报表 ←── 填写申报表
```

图 7-3　城镇土地使用税网上申报流程

【牛刀小试】

项目七任务三【任务导入】中的案例，滨海市东方有限公司的哪些土地需要缴纳城镇土地使用税？如何计算该公司 2020 年第二季度应缴纳的城镇土地使用税？城镇土地使用税纳税申报表应如何填制？

【解析】

（1）实际占地 30 000 平方米中，厂区外的公用绿化用地 3 000 平方米，暂免征收土地使用税；厂区内生活小区的绿化用地 2 000 平方米照章纳税。

（2）2020 年应纳城镇土地使用税 =(30 000−3 000)×2=54 000（元）

（3）2020 年第二季度应纳城镇土地使用税 =54 000/4=13 500（元）

（4）城镇土地使用税纳税申报表的填制如表 7-11 所示。

表 7-11　城镇土地使用税纳税申报表

填表日期：*2020 年 07 月 10 日*

纳税人识别号：*91372330689493202l*　　　　　　　　　　　　　　金额单位：元（列至角分）

纳税人名称：*滨海市东方有限公司*　　　　税款所属时期：2020 年 04 月 01 日至 2020 年 06 月 30 日

坐落地点	上期占地面积	本期增减	本期实际占地面积	法定免税面积	应税面积	土地等级			适用税额			全年应纳税额	缴纳次数	本期		
						I	II		I	II				每次应纳税额	已纳税额	应补（退）税额
1	2	3	4=2+3	5	6=4−5	7	8	9	10			11=6×9 或 10	12	13= 11/12	14	15=11−14
滨海市东城路 22 号	30 000		30 000	3 000	27 000		II			2		54 000	4	135 000	0	135 000

如纳税人填报，则由纳税人填写以下各栏	如委托代理填报，则由代理人填写以下各栏

续表

会计主管 （签章）	办税人员 （签章）	纳税单位（人） （签章）	代理人名称		代理人（签章）	
			代理人地址			
			经办人		电话	
以下由税务机关填写						
收到申报日期			接收人			

任务四　房产税纳税申报实务

【知识准备】

滨海市东方有限公司位于城市市区，纳税人识别号为913723306894932021。该公司2020年自用办公楼和车间原值合计为1 700万元；另有一处房产账面原值为200万元，2019年6月份已经用于出租，租期3年，每月租金为2万元。已知本地政府规定房产原值的扣除比例为30%。

思考：针对以上业务，判断滨海市东方有限公司的哪些房产需要缴纳房产税？如何计算该公司2020年应缴纳的房产税？假定该公司每季度缴纳一次房产税，房产税的纳税申报表应如何填制？

房产税是以房产为征税对象，按照房产的计税余值或房产租金收入为计税依据，向房产所有人或经营管理人等征收的一种财产税。

一、房产税的纳税义务人和征税范围

（一）纳税义务人

房产税以在征税范围内的房屋产权所有人为纳税人。产权属国家所有的，由经营管理单位纳税；产权属集体和个人所有的，由集体单位和个人纳税；产权出典的，由承典人纳税；产权所有人、承典人不在房屋所在地的，由房产代管人或者使用人纳税；产权未确定及租典纠纷未解决的，也由房产代管人或者使用人纳税。

（二）征税范围

房产税在城市、县城、建制镇和工矿区征收。具体规定如下：

（1）城市是指国务院批准设立的市。

（2）县城是指县人民政府所在地。

（3）建制镇是指省、直辖市、自治区人民政府批准设立的建制镇。

（4）工矿区是指工商业比较发达、人口比较集中、符合国务院规定的建制镇标准但尚未设立建制镇的大中型工矿业企业所在地。

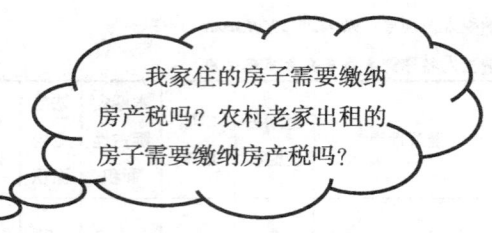

> **个人住宅房产税政策**
>
> 个人所有的非营业用房产（居民住房），除重庆、上海等试点地区外，免征房产税。
> 个人拥有的营业用房或者出租房产，不属于免税房产，一律照章纳税。
> 房产税的征税范围不包括农村。

二、房产税的计算

房产税采用从价计征和从租计征两种方式计算。

（一）从价计征

从价计征是按房产原值一次扣除一定比例后的房产余值计征，对应的房产税税率为1.2%。其中，扣除的比例按省、自治区、直辖市人民政府确定的10%～30%的比例扣除。其计算公式如下：

$$年应纳税额 = 房产原值 \times (1-扣除比例) \times 1.2\%$$

> **从业人员经验之谈**
>
> 2010年12月21日起，无论会计如何核算，房产原值都应包括房产的建造成本及土地取得、开发成本。土地容积率低于0.5的，按照房产建筑面积的2倍计算土地面积并据此确定计入房产原值的地价。

（二）从租计征

从租计征是按照房屋的租金收入计征，房屋的租金是房屋产权所有人出租房屋使用权所取得的报酬，对应的房产税税率为12%。其计算公式如下：

$$年应纳税额 = 年租金收入 \times 12\%$$

> **从业人员经验之谈**
>
> 2008年3月1日起，对个人出租住房，不区分用途，按4%的税率征收房产税，免征城镇土地使用税。2016年5月1日全面营改增后，计征房产税的租金收入不含增值税，即含税租金收入应折算为不含税净收入，再计算房产税。

三、房产税的会计处理

房产税的会计处理：房产税应设置"应交税费——应交房产税"科目进行核算。按照《小企业会计准则》的规定，应做如下处理。

（1）计提时：
借：税金及附加
　　贷：应交税费——应交房产税

（2）实际缴纳时：
借：应交税费——应交房产税
　　贷：银行存款

四、房产税的申报

（一）纳税义务发生时间

不同类型房产纳税义务发生起点及时间如表 7-12 所示。

表 7-12　不同类型房产纳税义务发生起点及时间

序　号	房产来源	用　途	纳税义务发生起点	纳税义务发生时间
1	原有	自用	实际使用之日	当月
2	自建	自用	建成之日	次月
3	出包新建	自用	验收之日	次月
4	购置	自用	签发房产证之日	次月
5	原有	出租、出借	交付之日	次月
6	自建（房地产企业）	自用、出租、出借	使用或交付之日	次月

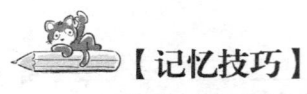

【记忆技巧】

只有原有自用房产的纳税义务发生时间是在当月，其余均在次月。

（二）纳税期限

房产税实行按年征收、分期缴纳的征收方法。具体纳税期限由省、自治区、直辖市人民政府确定。多数地方实行分季度缴纳。

（三）纳税义务发生地点

房产税在房产所在地缴纳。房产不在同一地方的纳税人，应按房产的坐落地点分别向房产所在地的税务机关申报纳税。

（四）房产税纳税申报表的填写

房产税的纳税人每年都应分期（按季度或半年度）向主管地税机关及时办理纳税申报，并如实填写房产税纳税申报表（见图 7-4）。房产税纳税申报表的结构可以分为表头（基础信息）和正表（申报信息）两部分。

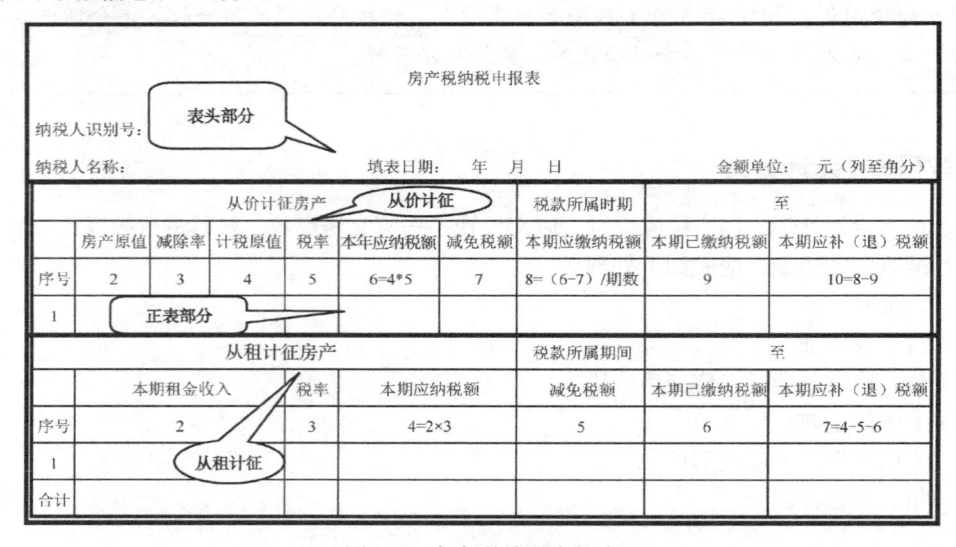

图 7-4　房产税纳税申报表

（1）表头填写。表头主要包括填表日期、纳税人识别号、纳税人名称等。

（2）正表填写。正表主要包括从价计征和从租计征两大部分的内容。

① 税款所属时期：是指所纳税款的时期。

② 从价计征的房产原值：可根据"上期申报房产原值（评估值）+本期增加值"或"上期申报房产原值（评估值）–本期减少值"计算得到。

③ 本期应纳税额：应考虑该纳税年度缴纳房产税的期数，即本年实际应纳税税额/年度纳税期数。

（五）房产税的网上申报

在具体实务中，办税人员应于申报期内登录"国家税务总局电子税务局"，录入纳税人识别号和密码，进入申报界面进行房产税的网上申报。房产税网上申报流程如图7-5所示。

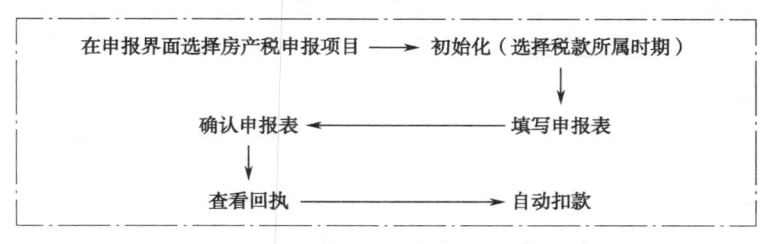

图 7-5 房产税网上申报流程

【牛刀小试】

1. 项目七任务四【任务导入】中的案例，判断滨海市东方有限公司的哪些房产需要缴纳房产税？如何计算该公司 2020 年应缴纳的房产税？假定该公司每季度缴纳一次房产税，房产税的纳税申报表应如何填制？

【解析】

（1）滨海市东方有限公司位于市区内，其房产属于房产税的征税范围，自用办公楼、车间和出租的房产均需缴纳房产税。

（2）房产税的计算。

① 自用房产：

2020 年应纳税额=1 700×(1-30%)×1.2%=14.28（万元）

2020 年第一季度应纳税额=14.28÷4=3.57（万元）

② 出租房产：

年不含税租金额=2×12÷(1+9%)=22.018 4（万元）

2020 年应纳税额=22.018 4×12%=2.642 2（万元）

2020 年第一季度应纳税额=2.642 2÷4=0.660 6（万元）

（3）填制房产税的纳税申报表（见表7-13）。

（房产税应纳税额的计算）

表 7-13　房产税纳税申报表

纳税人识别号：*913723306894932021*

纳税人名称：*滨海市东方有限公司*　　　填报日期：*2020 年 4 月 13 日*　　　金额单位：元（列至角分）

序号	从价计征房产							税款所属期间	2020 年 1 月至 2020 年 3 月	
^	房产原值	减除率	计税原值	税率	本年应纳税额	减免税额	本期应缴纳税额	本期已缴纳税额	本期应补（退）税额
1	2	3	4	5	6=4×5	7	8=(6−7)/期数	9	10=8−9
^	17 000 000	30%	11 900 000	1.2%	1 428 000	0	35 700	0	35 700

序号	从租计征房产			税款所属期间	2020 年 1 月至 2020 年 3 月		
^	本期租金收入	税率	本期应纳税额	减免税额	本期已缴纳税额	本期应补（退）税额
1	2	3	4=2×3	5	6	7=4−5−6
^	*55 046*	12%	6 606	0	0	6 606
合计			42 306			42 306

填表说明：

1. 字体为华文行楷的栏目需要申报企业自行填写，其他栏目数据是自动生成的，不能改动。
2. 不同地区的纳税申报表格式可能略有区别，但基本内容大同小异。

2．假设滨江市星光织造有限公司位于市区内，2020 年度自有房屋 10 栋，其中 7 栋用于经营生产，房屋原值合计 800 万元；1 栋厂房现处于闲置状态，原值 200 万元；2 栋房屋于 2017 年 10 月开始租给某公司作为经营用房，原值 500 万元，租期 2 年，月租金收入为 50 万元。已知所在省规定按房产原值一次扣除 20% 后的余值计算房产税。计算该公司 2020 年上半年应缴纳多少房产税？请进行相应的账务处理并填写房产税纳税申报表（提示：考虑增值税的影响）。

任务五　车船税申报实务

【知识准备】

2019 年全年，滨海市东方有限公司有客车 3 辆，载货汽车 5 辆（货车整备质量全部为 10 吨）。其中，客车年税额为 200 元/辆，载货汽车年税额为 40 元/吨。

思考：针对以上业务，如何计算该公司 2019 年应缴纳的车船税？怎样进行车船税的纳税申报？

车船税是以车船为征税对象，向拥有车船的单位和个人征收的一种税。

> 我家的小汽车需要缴纳车船税吗？如果买的是电动汽车，是不是也要缴纳车船税？

一、车船税的纳税人与征税范围

车船税的纳税义务人，是指在中国境内车辆、船舶的所有人或管理人。

车船税的征税范围是指在中华人民共和国境内属于车船税法规定的车辆、船舶。具体是：

（1）依法应当在车船管理部门登记的机动车辆和船舶；

（2）依法不需要在车船管理部门登记、在单位内部场所行驶或者作业的机动车辆和船舶。

二、车船税的计算

（一）计税依据

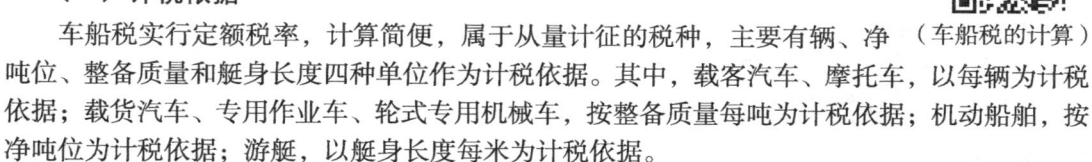

车船税实行定额税率，计算简便，属于从量计征的税种，主要有辆、净（车船税的计算）吨位、整备质量和艇身长度四种单位作为计税依据。其中，载客汽车、摩托车，以每辆为计税依据；载货汽车、专用作业车、轮式专用机械车，按整备质量每吨为计税依据；机动船舶，按净吨位为计税依据；游艇，以艇身长度每米为计税依据。

（二）车船税的税率

车船税采用定额税率，也称固定税额，车船税税目税额表如表7-14所示。

表7-14 车船税税目税额表

税　　目	计税单位	年基准税额（元）	备　　注
乘用车	每辆	60～5 400	载客人数9人（含）以下
载客汽车	每辆	480～1 440	载客人数9人（包括电车）以上
摩托车	每辆	36～180	
载货汽车	整备质量每吨	16～120	包括半挂牵引车、挂车
专用作业车	整备质量每吨	16～120	不包括拖拉机
轮式专用机械车	整备质量每吨	16～120	
机动船舶	净吨位每吨艇	3～6	拖船和非机动驳船分别按船舶税额的50%计算
游艇	艇身长度每米	600～2 000	

注：具体年纳税额由省、自治区、直辖市人民政府在以上幅度内确定。

（三）车船税应纳税额的计算

车船税应纳税额根据车辆与船舶的不同类型计算，车船税应纳税额计算表如表7-15所示。

表7-15 车船税应纳税额计算表

税　　目	计税单位	应纳税额
乘用车、载客汽车、摩托车	每辆	辆数×适用年税额
载货汽车、专用作业车	按整备质量每吨	整备质量吨位数×适用年税额
机动船舶	净吨位	净吨位数×适用年税额
拖船和非机动驳船	净吨位	净吨位数×适用年税额×50%
游艇	艇身长度	艇身长度×适用年税额

新能源车船优惠政策

纯电动商用车、插电式（含增程式）混合动力汽车、燃料电池商业车免征车船税。纯电动乘用车和燃料电池乘用车不属于车船税征税范围，不征收车船税。

三、车船税的会计处理

车船税的会计处理：车船税应设置"应交税费——应交车船税"科目进行核算，按照《小企业会计准则》的规定，应做如下处理。

（1）计提时：

借：税金及附加
　　贷：应交税费——应交车船税

（2）实际缴纳时：

借：应交税费——应交车船税
　　贷：银行存款等

四、车船税的缴纳

（一）纳税期限、地点及纳税义务时间

车船税按年缴纳申报，由地方税务机关负责征收，车船税纳税义务时间如表7-16所示。

表7-16　车船税纳税义务时间

具体情况	纳税义务时间
办理车船登记手续	车船登记证书中记载日期的当月
未办理车船登记手续	车船购置发票开具当月
其他	主管税务机关核定

（二）纳税申报

车船税按年申报，一次性缴纳。具体纳税申报期限由省、自治区、直辖市人民政府规定。车船税纳税申报表如表7-17所示。

表7-17　车船税纳税申报表

填表日期：　年　月　日

纳税人识别号：　　　　　　　　　　　　　　　　　　　　　金额单位：元（列至角分）

纳税人名称：　　　　　　　　　　　　　　　　　　　　　　税款所属时期：

车船类别	计税标准	数量	单位税额	全年应缴纳税额	缴纳次数	本期		
						应纳税额	已纳税额	应补（退）税额
1	2	3	4	5=3×4	6	7=5÷6	8	9=7-8
合计								

> **从业人员经验之谈**
>
> 从事交强险业务的保险机构为扣缴义务人，纳税人购买交强险时已缴纳车船税的，不再向税务机关申报纳税。所以实务中很少出现车船税的纳税申报。

填表说明：

（1）税款所属时期：填报纳税年度的1月1日至12月31日。

（2）计税单位：结合车船应纳税额计算表的计税单位填列。

（3）单位税额：根据纳税地点所在省、自治区、直辖市车船税实施办法所附税目税额表相应的单位税额填报。

【牛刀小试】

项目七任务五中的案例，如何计算该公司 2019 年应缴纳的车船税？怎样进行车船税的纳税申报？

【解析】

（1）滨海市东方有限公司的客车和载货汽车均需缴纳车船税，其中客车适用每辆每年 200 元的税额，货车适用每吨 40 元的税额。

客车的车船税=3×200=600（元）

载货汽车的车船税=5×10×40=2 000（元）

（2）填制车船税纳税申报表（见表 7-18）。

表 7-18　车船税纳税申报表

填表日期：2019 年 1 月 11 日

纳税人识别号：91372330689493202l　　　　　　　　　　　　　　金额单位：元（列至角分）

纳税人名称：滨海市东方有限公司　　　　　　税款所属时期：2019 年 1 月 1 日至 2019 年 12 月 31 日

车船类别	计税标准	数量	单位税额	全年应缴纳税额	缴纳次数	本期应纳税额	本期已纳税额	本期应补（退）税额
1	2	3	4	5=3×4	6	7=5÷6	8	9=7-8
客车	辆	3	200	600	1	600	0	600
载货汽车	吨	50	40	2 000	1	2 000	0	2 000
合计						2 600		2 600

填表说明：

1. 字体为华文行楷的栏目需要申报企业自行填写，其他栏目数据是自动生成的，不能改动。
2. 不同地区的纳税申报表格式可能略有区别，但基本内容大同小异。

【专项训练】

一、单项选择题

1. 根据房产税法律制度规定，不属于房产税纳税人的是（　　）。
   A. 城区房产使用人　　　　　　　　B. 城区房产代管人
   C. 城区房屋所有人　　　　　　　　D. 城区房屋出典人

2. 下列属于城镇土地使用税计税依据的是（　　）。
   A. 建筑面积　　　　　　　　　　　B. 使用面积
   C. 居住面积　　　　　　　　　　　D. 实际占用的土地面积

3. 下列合同不贴印花税票的是（　　）。
   A. 购销合同　　B. 劳务合同　　C. 借款合同　　D. 财产租赁合同

4. 李某在某公司举办的有奖销售活动中中奖得到一辆小轿车，举办公司开具的销售发票金额为 68 700 元（不含税），经主管税务机关审核，国家税务总局核定该型号车辆的最低计税价格为 73 500 元，则李某应纳的车辆购置税为（　　）。
   A. 6 870 元　　B. 7 350 元　　C. 5 872 元　　D. 6 282 元

5. 某企业地处市区，2019 年 10 月被税务机关查补增值税 45 000 元、消费税 25 000 元、所得税 30 000 元；还被加收滞纳金 20 000 元、被处罚款 50 000 元。该企业应补缴城市维护建设税和教育费附加合计为（　　　）元。

　　A. 5 000　　　　B. 7 000　　　　C. 8 000　　　　D. 10 000

6. 印花税规定，对加工承揽合同应按收入总额的（　　　）贴花。

　　A. 万分之五　　B. 万分之三　　C. 千分之一　　D. 千分之五

7. 城镇土地使用税采用（　　　）。

　　A. 有幅度差别的定额税率　　　　B. 有幅度差别的比例税率
　　C. 超额累进税率　　　　　　　　D. 超率累进税率

8. 地方教育费附加适用的税率为（　　　）。

　　A. 7%　　　　　B. 5%　　　　　C. 2%　　　　　D. 1%

9. 房产税采用从价计征计算时，适用的税率为（　　　）。

　　A. 1.2%　　　　B. 12%　　　　C. 7%　　　　D. 1%

10. 车船税采用的税率形式是（　　　）。

　　A. 比例税率　　　　　　　　　　B. 定额税率
　　C. 超额累进税率　　　　　　　　D. 超率累进税率

11. 计提下列税费时，不通过"税金及附加"核算的是（　　　）。

　　A. 城市维护建设税　　　　　　　B. 教育费附加
　　C. 企业所得税　　　　　　　　　D. 地方教育费附加

12. "营业账簿"按实收资本和资本公积的合计金额的（　　　）计算缴纳印花税。

　　A. 万分之五　　B. 万分之三　　C. 千分之一　　D. 千分之五

13. 房产税实行（　　　）的征收方法。

　　A. 人民政府规定　　　　　　　　B. 按月计征，分期缴纳
　　C. 按季征收，分期缴纳　　　　　D. 按年计征，分期缴纳

14. 车船税由（　　　）负责征收。

　　A. 地方税务机关　　　　　　　　B. 国家税务机关
　　C. 保险公司　　　　　　　　　　D. 车船管理部门

15. 下列不适用万分之三的印花税税率的是（　　　）。

　　A. 购销合同　　B. 建筑安装合同　　C. 产权转移书据　　D. 技术合同

二、多项选择题

1. 城市维护建设税的计税依据包括（　　　）。

　　A. 消费税　　　　　　　　　　　B. 增值税
　　C. 所得税　　　　　　　　　　　D. 税收滞纳金和罚款

2. 印花税缴纳方式包括（　　　）。

　　A. 自行贴花　　B. 汇贴汇缴　　C. 委托代征　　D. 只有 A 和 B

3. 下列关于城市维护建设税的表述中，正确的有（　　　）。

　　A. 对增值税和消费税实行先征后返、先征后退、即征即退办法的，除另有规定外，对随同附征的城市维护建设税，也可以退（返）还
　　B. 城市维护建设税的纳税环节就是纳税人缴纳增值税和消费税的环节
　　C. 城市维护建设税实行地区差别比例税率，设置了 7%、5% 和 1% 三档税率
　　D. 增值税和城市维护建设税的纳税地点必须一致

4. 房产税的计税依据是（　　　）。

　　A. 房产市价　　B. 房产原值　　C. 房产余值　　D. 房产租金收入

5. 下列关于城市维护建设税税率的表述，正确的有（　　）。
   A. 某公司在某市东城区，城市维护建设税税率为7%
   B. 某公司在某县城，城市维护建设税税率为5%
   C. 某公司在某镇，城市维护建设税税率为1%
   D. 某公司在农村的某农场，城市维护建设税税率为1%
6. 车船税的计税依据有（　　）。
   A. 辆　　　　B. 净吨位　　　　C. 整备质量　　　　D. 自身长度
7. 城镇土地使用税的征税范围为（　　）。
   A. 城市　　　　B. 县城　　　　C. 建制镇　　　　D. 工矿区
8. 按照房产税暂行条例的有关规定，下列有关房屋出租的，由出租人纳税；房屋产权未确定的，由代管人或使用人纳税，该表述中，不正确的是（　　）。
   A. 房屋出租的，由承租人纳税
   B. 房屋产权未确定的，暂不缴纳房产税
   C. 产权人不在房屋所在地的，由房屋代管人或使用人纳税
   D. 某纳税单位无租使用另一纳税单位的房产，由使用人代为缴纳房产税
9. 以下各项中，按照"产权转移书据"缴纳印花税的是（　　）。
   A. 商品房销售合同
   B. 土地使用权出让合同
   C. 土地使用权转让合同
   D. 个人无偿赠送不动产签订的个人无偿赠与不动产登记表
10. 城镇土地使用税的纳税人包括（　　）。
    A. 拥有土地使用权的单位和个人
    B. 拥有土地使用权的纳税人不在土地所在地的，由代管人或者实际使用人缴纳
    C. 土地使用权未确定或权属纠纷未解决的，由实际使用人缴纳
    D. 土地使用权共有的，由各方按其实际使用的土地面积分别计算缴纳

三、判断题

1. 车船税按年申报缴纳，纳税义务时间为车船管理部门核发的车船登记证书或行驶证书所记载日期的当月。（　　）
2. 房产税以在征税范围内的房屋产权所有人为纳税人，产权未确定的暂不缴纳。（　　）
3. 甲公司与乙公司签订一份受托加工合同，甲公司提供价值500万元的原材料，并且提供30万元的辅助材料，另收取加工费25万元。甲公司应纳印花税为275元。（　　）
4. 车辆购置税的纳税人是销售应税车辆的单位和个人。（　　）
5. 纳税人直接缴纳增值税和消费税的，同时在缴纳增值税和消费税地缴纳城市维护建设税。（　　）
6. 关于教育费附加的规定，对出口产品退还增值税、消费税的，不退还已征的教育费附加。（　　）
7. 某企业2019年6月10日对委托施工单位建设的生产车间办理验收手续，由在建工程转入固定资产原值500万元（房产税计算余值的扣除比例20%）。该房产当年应纳房产税为2.4万元。（　　）
8. 甲乙双方签订一份仓储保管合同，合同上注明货物金额500万元，保管费用10万元。甲乙双方共应缴纳印花税200元。（　　）
9. 某汽车制造厂与银行签订借款合同，并由其关联企业做担保人，则该汽车制造厂、银

行、关联企业均应缴纳借款合同的印花税。（　　）

10. 甲企业与乙企业签订以货易货合同，以市价30万元产品换取30万元的材料，则按60万元计税贴花。（　　）

四、计算题

1. 某运输公司拥有并使用以下车辆：整备质量为4.5吨的汽车挂车5辆。中型载客汽车10辆，其中包括2辆电车。当地政府规定，载货汽车的车辆税额为60元/吨，载客汽车的税额是420元/年。该公司当年应纳车船税为多少？

2. A公司共有房产原值5 000万元，其中400万元的房产出租给B公司使用，取得年租金20万元；300万元的房产出借给其他单位使用。A公司当年应纳的房产税是多少？（当地规定的扣除比例为20%）

3. 京远公司于2017年成立，其2019年发生以下应税项目：

（1）年初启用新账簿8本。2019年5月，资金账簿中登记本年增加实收资本500万元、资本公积100万元。

（2）与甲企业签订一份加工承揽合同，受托为其加工一批产品，双方约定由京远公司提供所需的原材料200万元、辅助材料10万元，另收取加工费20万元，各项金额均在加工承揽合同中分别记载。

（3）与乙企业签订一份建筑工程承包合同，记载金额2 000万元，将其中的500万元转包给另一工程公司。

（4）与丙企业签订仓储合同一份，货物金额为500万元，仓储保额费为10万元。

（5）与丁企业签订一份运输保管合同，记载金额共计500万元，其中货物价值400万元、运输费50万元、装卸费30万元、仓储保管费20万元。

根据所给资料，依据印花税的有关规定计算（1）～（5）业务应纳印花税。

4. 某市区化妆品生产企业按月缴纳增值税和消费税，2019年8月由于计算失误漏计化妆品销售取得的现金46 800元（含税），2019年9月2日自行发现并实施补税，要求计算：

（1）补缴的增值税销项税额；

（2）补缴的消费税；

（3）补缴的城市维护建设税；

（4）补缴的教育费附加。